콧구멍 없는 소

경허대사와 5대 제자

콧구멍 없는 소
경허대사와 5대 제자

1판 1쇄 펴낸 날 2014년 1월 1일
개정판 1쇄 펴낸 날 2016년 8월 17일

지음 김성우 발행인 김재경 교정·교열 이유경 편집디자인 최정근 마케팅 권태형 인쇄 대명인쇄

펴낸곳 도서출판 비움과소통 서울시 구로구 구로동 487-36번지 1층 전화 (02)2632-8739
팩스 0505-115-2068 이메일 buddhapia5@daum.net 트위터 @kjk5555 페이스북 ID 김성우
홈페이지 http://blog.daum.net/kudoyukjung 출판등록 2010년 6월 18일 제318-2010-000092호

ⓒ 김성우, 2016
ISBN : 979-11-6016-003-1 03220

책값은 뒤표지에 표시되어 있습니다.
잘못된 책은 교환해 드립니다.
이 책은 저작권법에 따라 보호받는 저작물이므로 무단전재와 복제를 금지하며,
이 책 내용의 일부를 이용할 때도 반드시 지은이와 본 출판사의 서면동의를 받아야 합니다.
불교 또는 동양고전, 자기계발, 경제·경영 관련 원고를 모집합니다.
※ 사찰 및 불교단체의 법보시용 불서 제작해 드립니다.

콧구멍 없는 소

경허대사와 5대 제자

김성우 지음

비움과소통

| 머리말 |

경허대사와 5대 선사의 활구(活句) 법문을 되새기며…

　신라 말 한국의 선문이 처음 열린 곳이 구산선문(九山禪門)이라면, 근세 한국선의 중흥조인 경허(鏡虛惺牛, 1849~1912) 선사가 주석하고 뒤를 이어 제자 만공 선사가 머물면서 쇠미해가는 선풍을 다시 일으킨 곳이 덕숭총림 수덕사 산내암자인 정혜사 능인선원이다. '천지가 상합(相合)하는 영지로서 운수납자가 정각을 빨리 성취하여 조사선의 가풍을 선양하고 중생을 널리 제도한다'는 이 산에서 두 고승이 보림(保任)하며 한편으로 많은 제자들을 지도할 수 있었기에 한국의 선풍이 크게 일어날 수 있었던 것이며, 1984년에는 덕숭총림을 설치하는 계기가 되었다.
　'동방제일선원(東方第一禪院)'이란 편액에서 보이는

자부심에서도 알 수 있듯이, 이곳에서 주석하며 기라성같은 선승들을 길러낸 경허 선사는 '근대 한국선의 달마'로 불리운다. 원효 대사가 한국 불교의 첫 새벽이라면, 태고 국사는 한국 간화선의 중흥조요, 서산 대사는 한국 중세선의 큰 봉우리이며, 경허 선사는 한국 근대선의 산맥이라 해도 틀린 말이 아닙니다.

나라의 존립이 위태롭고 민중들은 관가의 수탈로 신음하던 시대에 겨레의 빛으로 온 경허 선사. 세수 64세, 법랍 56세의 치열한 삶을 통해 전국 곳곳에 선원과 선실을 개설하여 선풍을 진작시킨 그의 문하에는 근대 한국불교 선문을 빛낸 수월(水月), 만공(滿空), 혜월(慧月), 한암(漢巖), 용성(龍城) 스님 등 근세의 고승들이 배출됐다. 오늘날 선승들 중 대부분은 그의 문손(門孫)이거나 간접적인 영향을 받은 스님들이다.

경허 스님은 선이 사문화되던 시기에 선(禪)을 생활화하고 실천한 선(禪)의 혁명가였으며, 불조(佛祖)의 경지를 여실히 보여준 견성도인이기도 했다. 근대 선(禪)의 물결이 그를 통하여 다시 일어나고 진작되었다는 점에서 '한국의 마조(馬祖)'로 평가되기에 부족함이 없을 것이다.

　달마대사이래 역대 조사스님들은 평범한 일상에서 대자유와 행복을 쓰고 펼치는 언행일치(言行一致)의 삶을 너무나도 아름답게, 또는 극적으로 보여주었다. 그분들의 가르침이 녹아있는 선어록(禪語錄)에는 법문과 구도기, 선문답 등이 들어있는데, 이 가운데 가장 눈길을 끄는 동시에 가르침의 정수를 담은 것이 선문답(禪問答)이라 할 수 있다.

　선문답은 옛날 고덕(高德), 선사들이 학인(學人: 수행자)을 깨닫게 하는 언행(말, 고함치기, 몽둥이질 등)일 뿐만 아니라 그 언행 자체에 깊은 진리와 지혜가 응결되어 있어, 말끝에 단박 깨닫지 못한다 하더라도 긴 여운을 남기는 깨달음의 씨앗이 된다. 그래서 선문답은 수행자의 이정표가 됨은 물론, 일반인들이 인생을 살아가는 좌우명으로 삼을만한 묘리(妙理)를 담고 있는 것이다. 선문답 가운데는, 온갖 이론이나 망념을 내려놓고 자기를 돌이켜 보면 문득, 수긍이 가고 깨달음의 기연이 될만한 보석같은 언구들이 가득한 최고의 수행지침임을 알 수 있다. 때문에 옛 선사들도 수시로 법문을 통해 선어록을 강의하며 공안에 대한 독자적인 견해와 평을 제시하고 제자들의 안목을 키워주었던 것이다.

'우뢰와 같은 침묵'으로 상징되는 선사들의 한 마디 언행은 '직지인심 견성성불(直指人心見性成佛: 바로 마음을 가리켜서 단박에 성품을 깨달아 부처가 되게 한다)'이 가능하도록 인도하는 살아있는 법문이었다. 말끝에 단박 깨달으면 언하(言下)에 대오(大悟)할 것이요, 깨닫지 못한다면 화두가 된다. 부처님 재세시나 달마, 육조, 마조, 백장, 황벽, 임제, 조주 스님 당시에는 법문을 듣고 깨달은 이가 무수했건만 후대에 내려올 수록 깨달은 이가 드문 것은 오로지 간절한 믿음이 부족했을 따름이다. 언하대오에는 어떠한 수행법이 끼어들 여지가 없다. 마음에서 마음으로 전하는 이심전심(以心傳心)의 미소가 있을 뿐. 따라서 이 책에서 제시하는 경허대사와 5대 선사가 제시한 선(禪)의 요체는 간화선이 성립되기 이전, 언하대오를 특징으로 하는 정통 조사선(祖師禪)에 가깝다고 볼 수 있다.

알다시피, 선문답은 간화선 수행자들이 화두로 삼을 만큼 일반 불자들에게는 난해한 것이 일반적이다. 이 책에 등장하는 선문답 역시 대부분 알음알이와 이론으로는 접근이 불가하지만, 선(禪)에 관심 있는 독자들을 위해 가능한 한도 내에서 공안의 출처와 숨은 배경을 해설로 달아놓았다. 특히 필자는 선문답이 수행과 동떨어진 동문서답(東問西答)이 아니라, 오히려 수행의 지름길을 제시하고 있음을 드러내고자 하였다. 생생한 법거량은 불법(佛法)이 어떻게 현실 속에서 깨달음의 삶으로 적용될 수 있는지를 여실하게 보여준다. 경허대사와 근현대 고승들의 천둥과 벼락같은 살아있는 선문답이 수행자의 안목을 높여주고 단박 깨닫는 기연(機緣)으로 이끌어주는 계기가 되리라 믿어 의심치 않는다. 혹, 얼토당토 않은 사족이 보인다면 이는 전적으로 필자의 눈이 어두운 탓이기에 대덕(大德), 큰스님들의 아낌없는 채찍질을 기대합니다. 이번 개정증보판에서는 만공 스님의 전법제자인 원담 스님의 행장과 선문답 해설을 추가했으며, 경허선사의 핵심 어록을 부록으로 첨부하였습니다. 많은 관심과 조언을 기대합니다.

  삼세의 모든 부처님과 역대 조사, 대덕님들, 인연 닿은 도반님들의 바다와 같은 은혜에 엎드려 절하면서, 모든 분들이 생사윤회를 벗어난 깨달음의 정토인 극락에 화생하여 무생법인(無生法印)을 증득하고 마침내 성불하기를 서원합니다.

2016년 8월 성하盛夏, 매미 우는 밤에
푸른바다(蒼海) 김성우(金聖祐) 두 손 모음

| 차례 |

머리말   4

1. 경허대사 편
- 경허대사 행장   13
- 어떻게 살아야 합니까?   36
- 경전으로 벽을 도배해도 됩니까?   38
- 술이나 파전을 먹고 싶을 때   42
- 아직도 쌀 자루가 무거운가?   47
- 달마가 서쪽에서 온 뜻   52
- 사람마다 본래 구족하고 있는 자리   57
- 뱀이 실컷 놀다 가게 가만히 두어라   61
- 콧구멍 없는 소   66

2. 수월 선사 편
- 수월 선사 행장   71
- 무엇이 숭늉그릇인가?   75
- 나는 그런 사람 모르오   80
- 저 돌멩이가 무엇인가?   85
- 남쪽에서 이와 같이 중생을 교화하라   88

3. 만공 선사 편
- 만공 선사 행장   93
- 불법은 네 눈앞에 있다   96
- 적멸궁은 내 콧구멍 속에 있느니라   100
- 매미 소리로 안목을 가리다   104
- 그물 뚫고 나온 물고기   107
- 원상 법문   110
- 미나미 총독에게 내린 사자후   114
- 풀 한 줄기로 지은 절   119
- 법기보살의 깊은 풀밭   124
- 일 마친 사람의 경계   128
- 벽초 수좌의 할   133

4. 혜월 선사 편
- 혜월 선사 행장   139

어느 물건이 설법하고 청법하느냐?	142
산 꼭대기에 바람이 지나간다	146
이상한 돈 계산	149
귀신 방귀에 털난 소식	152
누가 내 소를 가져갔느냐?	158
천진불을 깨뜨린 수좌	161
미꾸라지를 산 스님	165

5. 한암 선사 편

한암 선사 행장	173
남산에 구름 이니 북산에 비가 온다	176
적멸보궁에 참배나 다녀오너라	180
가난뱅이가 묵은 빚을 생각한다	184
방문을 활짝 열고 청산을 보여주다	188

6. 용성 선사 편

용성 선사 행장	193
화과원에 도리가 만발하니 화장세계로다	196
어떤 것이 깨달음의 한 마디인가?	200
칼날 위의 길을 갈뿐	206
무슨 물건이 이렇게 왔는고?	210
앉으면 일어서는 게 인과의 이치	214

7. 원담 선사 편

'아야!' 하는 바로 그것이니라	226
귀로 들으면 잘못 듣는 법문이니라	231
노스님, 차 한 잔 더 드세요	236
어느 것이 진짜 등불인가?	240
유정·무정이 모두 성불하였다	246

부록: 경허선사 어록

오도가悟道歌	251
진흙소의 울음(泥牛吼)	258
심우가尋牛歌	267
심우송尋牛頌	274

경허당대선사

01 경허대사

경허성우(鏡虛惺牛) 대사 행장

『금강경』에 이르기를 "앞으로 돌아오는 세상 후오백세에 중생이 있어서 이 경을 듣고 신심이 청정하면 곧 실상을 내리니, 마땅히 알거라, 이 사람은 제일 희유한 공덕을 성취하였느니라." 하였고, 대혜 화상이 이르기를 "만약 이 중간에 복잡한 가운데서라도 몇 사람이 타성일편하여 얻지 못하였을 것 같으면 불법이 어찌 오늘에까지 이르렀으리오." 하니, 대개 용맹스런 뜻을 발하여 법의 근원에 사무친 이가 말세의 불법에도 없지 않았으므로 불조가 이런 말씀을 하신 것이요, 또한 그러한 사람이 너무 드물어서 혜명을 보존하기 어렵기 때문에 이와 같은 말씀이 있는 것이니 누가 능히 대장부의 뜻을 갖추어 자성을 철저히 깨닫고 그 제일 가는 공덕을 성취하여 큰 지혜광명 의지를 저 오백세 후까지 광대하게 유통하리요. 돌아가신 나(한암중원 스님)의 스승 경허 화상(1849~1912)이 이런 분이다*.

경허 화상의 휘는 성우(惺牛)이니, 처음 이름은 동욱(東旭)이요, 경허(鏡虛)는 그 호이며 성은 송이니 여산 사람이다. 부친은 두옥(斗玉)이요, 모친은 밀양 박씨이다. 철종 8년 정사년 이십사일에 전주 자동리에서 탄생하셨다. 분만 후 삼일까지 울지 않다가 목욕을 시키자 비로소 아기 소리를 내니 사람들이 모두 신기하게 여겼다.

일찍이 부친의 상을 당하고 아홉 살 때에 모친을 따라 상경하여 광주군 청계사에 들어가 계허(桂虛) 스님을 은사로 머리를 깎고 계를 받았다. 속가의 형이 한 분 계셨는데 공주 마곡사에서 득도하고 있었으니 이 모두 그 모친이 삼보에 귀심하여 염불을 정성 들여 하였으니 두 아들을 출가하게 한 것이다. 나이는 어리지만 뜻은 큰 사람 못지않았고, 비록 고달픈 환경이라도 피곤하거나 싫어하는 마음이 없이 나무하고 물 긷고 밥을 지으며 은사스님을 모셨다.

*이 글은 경허 선사의 제자인 한암중원(漢巖重遠) 스님이 불기 2958년 신미 3월 15일 기록한 「선사경허화상행장(先師鏡虛和尙行狀)」을 바탕으로 했다.

열네 살이 되도록 글을 배울 겨를이 없었는데, 어느 날 선비 한 분이 와서 한 여름을 보내게 되었다. 그 선비가 함께 소일거리로 곁에 불러 앉히고 천자문을 가르쳐 보니 배우는 대로 똑바로 외우는지라 다시 『통사』 등의 글을 가르쳐 보니 하루에 대여섯 장씩 외우기에 감탄하여 말하기를 "이 아이는 참으로 비상한 재주로다. 옛 사람의 이른바 천 리를 달리는 말이 백락을 만나지 못하고 피곤하게 소금짐이나 끄는구나. 뒷날에 반드시 큰 그릇이 되어 모든 사람을 제도하리라." 하였다.

얼마 되지 않아서 은사인 계허 스님이 환속하게 되자, 은사가 그 재주에 더 배우지 못하게 됨을 애석하게 여겨 계룡산 동학사 만화 화상에게 추천하는 글을 써서 소개하여 보내니 화상은 당세의 큰 강사였다. 경허의 영걸스러운 기상을 보고 기뻐하며 붙들어 가르치니, 몇 달이 안 되어 문장을 구상하여 잘 짓고 교의를 토론하였다. 그날 일과의 경소를 한 번 보고는 다 외워마치고는 하루 종일 잠만 자고 그 이튿날 논문강을 할 때에는 글 뜻을 해석하는 것이 마치 장작을 쪼개듯 촛불을 잡은 듯 명확하였다.

강사가 잠만 자는 것을 꾸짖고 그 재주를 시험하고자 하여 특히 『원각경』 가운데 소초(疏抄)까지 대 여섯 장 내지 십여 장을 일과로 정하여도 여전히 졸고 여전히 외우는지라 대중들이 일찍이 없었던 일이라고 감탄하였다. 이로부터 재주와 이름이 널리 퍼지게 되고 영호의 강원에 두루 참석하여 학문이 날로 진취되고 널리 들어서 유교와 노장학에 정통하지 않은 것이 없었다.

천성이 소탈하고 활달하며 밖으로는 꾸밈이 없어서 무더운 여름에 경을 보매 대중들은 모두 옷을 입고 바로 앉아서 땀을 줄줄 흘리는데 혼자서 훌훌 벗어버리고 태연하게 형상과 거동에 그다지 신경 쓰지 않으니, 일우 강사가 보고는 문인들에게 이르기를 "참으로 대승법기로다. 너희들은 도저히 미칠 수 없느니라." 하였다. 이십삼세에 대중들의 요청으로 동학사에서 개강하니 교의를 논하매 큰 바다의 파도와 같으니 학인들이 사방에서 몰려들었다.

하루는 전날 은사 계허 스님의 권속으로 아껴주던 정분이 생각나서 그 집에 가서 한번 찾아 뵈오려고 대중에게 이르고 출발하여 가는 중도에서 홀연히 폭풍우를 만났다. 급히 어느 집 처마 밑으로 들어가니 집주인이 통곡소리를 내는지라 다른 집으로 갔으나 역시 똑같았다. 그 마을 수십 가구를 다 가보아도 다 쫓기를 매우 급히 하며 큰 소리를 꾸짖기를 "이 곳에는 전염병이 크게 돌아 걸리기만 하면 서있던 사람도 죽는 판인데 너는 어떤 사람이기에 죽는 곳에 들어왔는가!"라고 했다. 화상이 그 말을 듣자 모골이 송연하고 정신이 없어 마치 죽음이 당장 도달한 것과 같고 목숨이 참으로 호흡하는 사이에 있어서 일체 세상 일이 도무지 꿈 밖의 청산 같았다. 이에 스스로 생각하고 말하되

'금생에 차라리 바보가 될지언정 문자에 구속되지 않고 조사의 도를 찾아 삼계를 벗어나리라.'

하고 발원을 마치고 평소 읽었던 공안을 생각해보았다. 이리저리 의해(義解)로 배우던 습성이 있어서 지해로 따져지므로 참구할 것이 없으나, 오직 연웅 선사가 들어 보인 '나귀의 일이 끝나지 않았는데 말의 일이 닥쳐왔다[驢事未去 馬事到來]'는 화두는 해석도 되지 않고 은산철벽에 부딪친 듯하여 '이것이 무슨 도리인가?' 하고 참구하였다.

산에 돌아온 뒤에 대중들을 흩어 보내며 말하기를 "그대들은 인연따라 잘들 가게나. 나의 뜻은 이에 있지 않다

네." 하고 문을 폐쇄하고 단정히 앉아 전심으로 참구하였다. 밤으로 졸리면 송곳으로 허벅지를 찌르고 혹은 칼을 갈아 턱에 괴며 이와 같이 삼 개월을 화두를 순일 무잡하게 들었다.

한 사미승이 옆에서 시중을 드는데 속성은 이씨라 그의 부친이 좌선을 여러 해 동안 하여 스스로 깨달은 것이 있어서 사람들이 다 '이 처사'라고 불렀다. 사미의 사부가 마침 그 집에 가서 처사와 이야기를 하는데,

처사가 말하기를 "중이 필경에는 소가 된다." 하니,

그 스님이 말하기를 "중이 되어 마음을 밝히지 못하고 다만 신도의 시주만 받으면 반드시 소가 되어서 그 시주의 은혜를 갚게 된다."고 했다.

처사가 꾸짖어 이르기를 "소위 사문의 대답이 이렇게 도리에 맞지 않습니까?"

그 스님이 이르기는 "나는 선지(禪旨)를 잘 알지 못하여서 그러하오니 어떻게 대답해야 옳습니까?" 하니,

처사가 이르기를,

"어찌 소가 되어도 콧구멍 뚫을 곳이 없다고 이르지 않는고?"

그 스님이 묵묵히 돌아가서 사미에게 이르기를,

"너의 아버지가 이러이러한 이야기를 하던데 나는 무슨 뜻인지 모르겠다."

사미가 이르기를 "지금 방에 계신 화상이 선(禪) 공부를 심히 간절히 하여 잠자는 것도 밥 먹는 것도 잊을 지경으로 하고 있으니 마땅히 이와 같은 이치를 알 것입니다. 사부께서는 가서 물으십시오."

그 스님이 흔연히 가서 예배를 마치고 앉아서 이 처사의 말을 전하는데 "소가 콧구멍이 없다"는 말에 이르러 화상의 안목이 정히 움직여 '옛 부처 나기 전 소식'이 활연히 앞에 나타나고 대지가 꺼지고 만물과 나를 함께 잊으니 곧 옛사람의 크게 쉬고 쉬는 경지에 도달하였다. 백천 가지 법문과 헤아릴 수 없는 묘한 이치가 당장에 얼음 녹듯 기와가 깨어지듯 하니, 때는 고종 16년 기묘 동짓달 보름께였다.

마음 밖에 다른 법이 없으니 눈에 가득히 눈과 달빛이요,
높은 뫼 소나무 아래로 물은 흘러가니
긴긴 맑은 하늘 아래서 무엇을 하랴.
참으로 이른 바 이 도리는 너의 경계가 아니요

도가 같아야 비로소 알게 된다.

드디어 방장실에 높이 누워 사람들의 출입을 상관하지 않았다. 만화 강사가 들어와서 보아도 또한 누워서 일어나지 않으니 강사가 이르기를,
"무엇 때문에 누워서 일어나지 않는고?" 하니
"일이 없는 사람은 본래 이러합니다." 고 대답하자
강사가 말없이 나가고 말았다.

그 이듬해인 경진년 봄에 연암산 천장암으로 옮겨 주석하니, 형님인 태허 선사가 모친을 모시고 이곳에 있기 때문이었다.
게송과 노래로써 그 깨달아 증득한 곳을 발휘하니 높고 높기는 천 길 낭떠러지요 드넓기는 이름과 말이 함께 끊어졌으니, 실로 저 옛 조사의 가풍에 모자라지 않았다.
게송으로 이르기를,

문득 콧구멍이 없다는 소리에 [忽聞人語無鼻孔]
삼천대천 세계가 내 집임을 깨달았네 [頓覺三千是我家]

유월 연암산 아랫 길에 [六月燕巖山下路]
일 없는 들 사람 태평가를 부르네 [野人無事太平歌].

노래가 있으니,

사방을 둘러 봐도 사람이 없네
누구에게 의발을 전하랴
누구에게 의발을 전하랴
사방을 둘러봐도 사람이 없네.

이 네 글귀 머리 귀절을 끝에 맺어놓은 뜻은 사우(師友)와 연원이 이미 끊어져서 서로 인증해 줄 곳이 없음을 깊이 탄식한 것이다.

일찌기 대중에 들어 이르기를 "무릇 조종(祖宗) 문하의 마음 법을 전수하여 줌에 본이 있고 증거가 있어서 가히 어지럽히지 못하리라. 예전에 황벽은 백장이 마조의 할을 하던 것을 들어 말함을 듣고 도를 깨달아 백장의 법을 잇고, 홍화는 대각의 방망이 아래서 임제의 방망이 맞던 소식을 깨달아 임제가 입멸한 뒤지만 임제의 법을 이었고, 우리 동국에는 벽계가 중국에 들어가서 법을 총통에게 얻고 와서 멀리 구곡에게 법을 잇고, 진묵은 응화성으로 서산이 멸후에 법을 이으니 그 사자(師資)가 서로 계승함의 엄밀함이 이와 같은 것은 대개 마음으로써 마음을 인(印)하여 마음과 마음이 서로 인을 치기 때문이로다. 오호라! 성현이 오신지 오래되어 그 도가 이미 퇴폐된지라, 그러나 간혹 본색납자가 일어나 살활(殺活)의 화살을 쏴서 한 개나 반 개의 성인을 얻기 때문에 은밀스럽게 정종을 부지하니 암흑 속의 등불이요 죽음 속에 다시 삶과 같도다. 내가 비록 도가 충실하지 못하고 성(性)을 점검하지 못하였으나 일생 동안 향할 바는 기어이 일착자(一著子: 바둑의 한 수, 자성을 상징함)를 분명히 밝히는 것이었더니 이제 늙은지라 뒷날 나의 제자는 마땅히 나로써 용암 장로에게 법을 이어서 그 도통의 연원을 정리하고 만화 강사로써 나의 수업사를 삼음이 옳도다." 하였다.

 이제 유교를 좇아 법의 원류를 거슬러 올라간 즉 화상은 용암·혜언을 잇고, 언은 금허·별첨을 잇고, 첨은 율봉·청고를 잇고, 고는 청봉·거애를 잇고, 애는 호암·체정을 잇고, 청허는 편양에게 전하고, 편양은 풍담에게 전하고, 풍담은 월담에게 전하고, 월담은 환성에게 전하니, 이 경허 화상은 청허에게 십이세 손이 되고 환성에게 칠세 손이 된다.

호서에 이십여 년을 오래 주석하니 서산의 개심사, 부석사와 홍주의 천장사가 모두 깃들여 살면서 도를 연마할 만한 곳이다. 기해년 가을에 영남 가야산 해인사로 자리를 옮기니 때는 고종 광무 3년이었다. 칙지가 있어서 장경을 인출하고 또한 수선사를 건립하여 마음 닦는 학자를 살게 하니 대중들이 모두 화상을 종주로 추대하였다. 법좌에 올라 거량함에 본분을 바로 보이고 백염의 수단을 사용하여 살활의 기틀을 떨치니 가위 금강보검이요 사자의 온전한 위엄이라, 듣는 자가 모두 견해와 집착이 사라져 말끔하기가 뼈를 바꾸고 창자를 씻은 듯하였다.

결제 때 법좌에 올라가 주장자를 들어 법상을 한 번 치고 이르기를,

"삼세의 모든 부처와 역대 조사와 천하 선지식과 노화상들이 모두 따라오느니라."

법상이 한 획 긋고 이르기를,

"삼세의 모든 부처와 역대 조사와 천하의 선지식과 노화상들이 모두 따라갔느니라. 대중은 도리어 알겠는가?"

대중이 아무 대답이 없자 주장자를 던지고 법좌에서 내려오다.

어느 스님이 묻기를

"옛사람이 이르기를 얼굴을 움직이며 옛길에 드날려 맥 없는 기틀에 떨어지지 않는다 하였으니 어떤 것이 옛길입니까?"

답하기를 "옛 길이 둘이 있으니 하나는 평탄한 길과 하나는 험한 길이다. 어떤 것이 험로인가? 가야산 아래로 천 갈래 길에 거마가 때때로 왕래한다. 어떤 것이 평탄한 길인가? 천길 절벽 사람이 올라 갈 수 없는 곳에 오직 원숭이가 나무에 거꾸로 매달렸도다."

여름 해제 날 법좌에 올라 동산의 시중을 들어서 이르기를,

"'초가을 여름 끝에 형제들이 동쪽으로도 가고 서쪽으로도 가는데 곧 모름지기 만리에 풀 한 포기도 없는 곳을

향하여 가라'

함을 들어 말하기를,

'나는 그렇지 않아서 초가을 여름 끝에 형제들이 동쪽으로도 가고 서쪽으로도 가는데 곧 모름지기 길 위에 잡초들을 일일이 밟고 가야 옳도다. 그러나 동산의 말과 같은가 다른가?"

대중이 대답이 없자 조금 묵묵히 있다가 이르기를

'대중이 이미 답이 없으니 내가 스스로 답을 하리라.'

하고는 문득 법좌에서 내려와 방장으로 돌아가니, 그 바로 끊어서 들어 보임이 대개 이와 같았다.

영축산 통도사와 금정산의 범어사와 호남의 화엄사, 송광사는 모두 화상께서 유력하던 곳이다. 이로부터 사방에서 선원을 다투어 차리고 발심한 납자 또한 감격스럽게도 구름 일 듯하니, 이 기간처럼 부처님 광명이 다시 빛나 사람의 안목을 열게 함이 이와 같이 성함이 없었다.

임인년 가을, 화상이 범어사 금강암에 주석할 때 읍내 동쪽에 있는 마하사에 나한 개분불사가 있어서 화상을 청하여 증명법사로 모셨는데, 밤이 저물어서 절 입구에 다다르니 길이 어두워서 걷기가 어려웠다. 마침 그 절 주지스님이 앉아 조는데 어떤 노스님이 말하기를, "큰스님이 오시니 급히 나가 영접하여 드려라." 하였다.

　주지 스님이 꿈을 깨자 횃불을 들고 동구 아래로 내려가 보니 과연 화상이 오는지라 비로소 나한의 현몽인 줄 알고 대중에게 말하니 다들 놀라며 전날 훼방하고 화상을 믿지 않던 사람들이 모두 와서 참회하였다.

　계묘년 가을 범어사로부터 해인사로 가던 도중에서 한 구절 읊으니

**아는 것 없이 이름만 높아졌고
세상은 험한데 어느 곳에 이 몸 숨길까 알 수가 없네.
어촌과 술집은 어디엔들 없으랴마는
이름은 숨길 수록 더 드러나누나.**

　대개 시는 뜻을 말하는 것이라 가히 그 뜻이 당신의 자취를 감추는 데 있는 것이나 오직 명리를 구하는 세상 사람들은 알 수가 없는 것이다. 다음 해인 갑진년 봄에 오대

산으로 들어갔다가 금강산으로 해서 안변군 석왕사에 도착하니 때마침 오백 나한 개분불사를 하면서 제방의 석덕들이 법회에 와서 증명법사로 참석하였다. 화상이 증명단에 올라가 독특하고도 능란한 변재로 법을 설하니 대중들이 합장하고 희유하다고 감탄하였다. 불사를 회향한 뒤 자취를 감추니 어디로 갔는지 아무도 몰랐다.

 이로부터 십년이 지난 뒤 수월 화상으로부터 예산군 정혜선원으로 서신이 왔다. 그 내용인즉 화상께서 머리를 기르고 선비의 옷차림을 하고 갑산 강계 등지로 내왕하며 혹은 시골 서당에서 훈장도 하며 혹은 시장거리에서 술잔도 기울이기도 한다는 것이다.

 임자년 봄 갑산 웅이방 도하동 서재에서 입적하였다 하여 혜월과 만공 두 사형이 곧 그곳에 가서 난덕산으로 운구하여 다비를 하고 임종게를 얻어가지고 돌아오니 곧 입멸하신 그 이듬해인 계축년 칠월 이십오일이었다. 그 동네 노인들에게 들으니 화상이 하루는 울밑에 앉아서 학동들이 풀 뽑는 것을 구경하다가 홀연히 눕더니 일어나지 못하며 말하기를 "내가 매우 피곤하구나." 하거늘 사람들이 부축하여 방안으로 모셨으나 먹지도 않고 말도 하지 않고 신음도 하지 않고 다리를 펴고 누웠다가, 그 이튿날 해뜰 무렵 홀연히 일어나 앉아 붓을 잡아 게송을 썼다고 한다.

> 마음 달이 외로이 둥글게 빛나니 [心月孤圓]
> 빛이 만상을 삼켰도다 [光吞萬像]
> 빛과 경계를 함께 잊으니 [光境俱忘]
> 다시 이것이 무엇인고 [復是何物].

이렇게 쓰고 끝에 원상(圓相)을 그려놓고 붓을 던지고 나서 오른쪽으로 누워서 암연히 천화하니 때는 임자년 사월 이십오일이라 우리들이 예를 갖추어 어느 산에 장사를 지냈다고 하였다.

오호라! 슬프도다. 대선지식이 세상에 출현함은 실로 만 겁에 만나기 어렵거늘 비록 잠시 친견을 하였으나 우리들은 오래 모시고 참선을 배우지 못하고 입적하시던 날도 또한 후사를 참결하지 못하였다. 옛 도인의 입멸시처럼 한을 남겼다.

화상은 정사년에 나서 임자년에 입적하셨고, 아홉 살에 출가하였으니, 세수는 56이고, 법랍은 48이다. 법을 받은 제자는 네 사람이니 침운현주(玄住)는 영남 표충사에서 도법을 휘날리다가 임종 무렵에 범어사에서 설법을 하고 임종게를 쓰고 입적하였다. 혜월혜명과 만공월면 두 선백은 어릴 때부터 참배하여 모시고 깊이 화상의 종지를 얻어서 각각 한 곳의 사표가 되어 오는 이들을 제접하여 교화를 크게 떨치고 있다. 나는 비록 불민하지만 일찍부터 친견하고 현지를 들었으나 다만 선사를 존중하는 것은 나를 위하여 설파하여 주지 않았기 때문에 감히 법의 은혜를 저버릴 수 없으니 이렇게 해서 넷이 된다.

  대개 행장이란 사실대로 기록하며, 사실이 아님은 기록하지 않는다. 화상의 오도와 교화인연은 실로 위에 말한 바와 같으나 만약 그 행리를 논할 것 같으면 장신 거구에 사자 같은 위의요, 의지가 과단성이 있고 강하며, 종이 울리는 듯한 음성과 걸림없는 말솜씨를 갖추었다. 팔풍(八風)을 대하여도 움직이지 않음이 산과 같아서 행할 때엔 행하고 그칠 때는 그쳐서 남에게 흔들리지 않았다. 음식을 자유로이 하고 성색에 구애 받지 않아 호호탕탕하게 유희

하니 사람들의 의심과 비방을 초래하였다. 이는 광대한 마음으로 불이문을 증득하여 초탈 방광(放光)함이 스스로 그래서 이 이통현 장자와 같은 도인인가, 그래서 억압 당하고 불우하고 강개하여 몸을 하열한 곳에 감추어서 낮추어 길들이며 도로써 스스로 즐거움을 삼은 것이 아닌가? 홍곡(鴻鵠: 큰 기러기와 고니)이 아니면 홍곡의 뜻을 알기 어렵나니 크게 깨달은 경지가 아니면 어찌 능히 작은 예절에 구애 받지 않을 수 있겠는가.

   화상의 시에

**술이 방광하고 여자 또한 그러해
탐진 번뇌 보낼 기약이 없네.
부처니 중생이니 내 알 바 아니니
평생을 그저 취한 듯 미친 듯 보내려네.**

   이 구절에 일생의 모든 행동을 그대로 다 나타낸 것이다. 그러나 편안히 지냈어도 밥은 겨우 기운 차릴 수 있을 정도로 먹고 하루 종일 문을 걸어 잠그고 침묵하고 말이 적으며 사람 만나기를 좋아하지 않으며 누가 큰 도시로 나아가서 교화하기를 권하면 이르기를 "나에게 서원이 있는데 경성 땅을 밟지 않는 것이다" 라고 했으니, 그 탁월하고 특출함이 대개 이러하였다.

천장산에 주석할 때에 누더기 한 벌로 추울 때나 더울 때나 바꾸어 입지 않으니 모기가 물고 이가 옷에 득시글득시글 하여 밤낮으로 물려서 피부가 헐어도 적연히 움직이지 않음이 산악과 같았다. 하루는 뱀이 들어와서 어깨와 등에 서리고 있음을 곁에 사람이 알려주어도 태연무심이라 조금 있으니 뱀이 스스로 나가니 도와 한 몸이 되는 경지가 아니면 누가 이와 같겠는가. 한 번 앉음에 여러 해를 지냈지만 순간을 지나는 것과 같음이었다.

어느 날 아침에 시 한 수를 읊었는데,

속세와 청산 어느 것이 옳은가 [世與靑山何者是]
봄이 오니 성터에 꽃이 만발하였네 [春城無處不開花]
나의 일 무어냐고 묻는다면 [傍人若問惺牛事]
돌계집 마음 가운데에 겁외의 노래라네 [石女心中劫外歌].

드디어 주장자를 꺾어 문 밖으로 던져버리고 훌훌 털고

산을 나서서 지방을 따라 교화를 베푸는데 상투적인 데서 벗어나고 격식을 두지 않았다. 혹은 시중에서 어슬렁거리며 속인들과도 섞여 지내며, 혹은 한가로이 송정에 누워 한가롭게 풍월을 읊조렸다. 그 초탈한 취향은 사람들이 능히 헤아릴 수 없었다.

어느 때에 법문을 들어 보이는데 지극히 부드러우며 매우 세밀하여 불가사의하고 오묘한 뜻을 연설하니 이른바 선과 악에 투철하여 닦아서 절제하는 그런 수단의 경지가 아니었다. 문장과 필법도 모두 특출하니 참으로 세상에 드문 위인이었다.

슬프다! 출가한 사람들이 모두 화상과 같이 용맹스럽게 활보로 정진하여 큰 일을 판단하여 밝히고 등불과 등불을 상속한다면 구산선문의 융성한 교화와 십육 국사의 법통 계승이 어찌 옛날에만 있었던 것이랴! 비단 특별히 융성한 교화와 법통 계승 뿐이리요, 일체 중생의 근본 광명 종자로 하여금 영원히 저 오탁계를 단절함도 또한 억제된 것 같다. 어찌 이것이 깊은 신심으로 티끌 속까지 받드니 이름하여 부처님 은혜를 보답한다는 것이 아니겠는가. 내가 그래서 향을 사르고 깊이 비는 바이로다.

그러나 뒤에 배우는 이들이 화상의 법화(法化)를 배움은 옳으나 화상의 행리(行履)를 배우면 안 되니 사람들이 믿되 이해하지 못한다. 또한 법을 의지한다 함은 진정으로 묘한 법을 의지한다 함이며, 사람을 의지하지 않는다 함은 율의와 불율의를 의지하지 않는 것이며, 또한 의지한다는 것은 스승으로 모시고 본받는 것이요, 의지하지 않음은 득실시비를 보지 않는 것이니, 도를 배우는 사람이 필경에는 법도 능히 버리거늘 하물며 저 득실시비리요.

그래서 『원각경』에 이르기를 "말세 중생들이 마음을 일으키어 수행하고자 하는 이는 마땅히 일체 바른 지견을 가진 사람을 구할지니, 마음을 형상에 머무르지 않으며, 흙먼지[塵勞]의 모습을 나타내나 마음이 항상 청정하며 온갖 허물이 있는 듯 보이나 범행을 찬탄하며 중생들로 하여금 그릇된 율의에 들지 않게 하여야 한다. 이런 사람을 구하면, 곧 아뇩보리를 성취하리라. 그 선지식이 사위의(四威儀) 가운데 항상 청정한 행을 나타내거나 나아가 갖가지 실수를 드러내더라도 교만한 생각이 없어야 되며 나쁜 생각을 일으키지 말아야 한다." 하였다.

금강경에 이르기를 "만약 모습으로 나를 보려 하거나

음성으로 나를 구하려 하면 이 사람은 삿된 도를 행함이니 여래를 보지 못하리라." 하였으며, 보조 국사가 이르되 "무릇 참학자는 처음에 먼저 바른 인연을 심어야 하나니 오계와 십선과 십이인연과 육도 등 법은 모두가 바른 인연이 아니니, 자기의 마음이 이 부처인 줄 믿어서 일념무생에 삼아승지겁이 공하나니 이렇게 믿는 것이 바른 인연이니라." 하였다. 그런즉, 계(戒), 제(諦), 연(緣), 도(度) 등 법도 오히려 바른 인연이 아니거늘 하물며 그른 율의이리요. 그래서 다만 정지견인을 구하여 자기의 청정한 도의 눈을 결택할지언정 망령되이 삿된 신심을 구하여 큰 일을 그르치지 말아야 한다.

또한 고덕이 이르기를 "다만 눈이 바름을 귀하게 여기고 행리를 귀하게 여기지 않는다" 하였으며, 또 이르기를 "나의 법문은 선정, 해탈, 지범과 수증을 논하지 않고 오직 부처지견의 통달을 말한다" 하였으니 이는 먼저 정안(正眼)이 열리고 난 뒤에 행리를 논한 것이 아니겠는가? 그래서 화상의 법화를 배움은 옳으나 화상의 행리를 배움은 옳지 못하다 말한다. 이는 다만 법을 간택하는 눈은 갖추지 못하고 먼저 그 행리의 걸림없는 것만 본받는 자를 꾸짖음이며, 또한 유위상견(有爲相見)에 집착하여 마음 근원을 밝게 사무치지 못하는 자를 꾸짖음이다. 만약 법을 간택할 수 있는 바른 눈을 갖추어서 마음 근원을 밝게 사무친 즉, 행리가 자연히 참되어서 행주좌와에 항상 청정할 것이니 어찌 겉모습에 현혹되어 미워하고 사랑하며 네다 내다 하는 견해를 일으키겠는가.

경오년 겨울에 만공 사형이 금강산 유점사선원 조실로 있으면서 글을 오대산중으로 보내어 선사의 행장을 쓰라고 부탁하셨다. 나는 본래 문사에 익숙하지 못하나 선사 행장에 감히 말할 수가 없는 고로 그 사실을 적어서 뒷 사람들에게 보이나니, 하나는 말법 가운데 참다운 선지식이 세상에 나타남과 법을 널리 편 생각하기 힘든 공덕을 찬탄하고, 하나는 우리들이 망령되이 집착하여 밖으로 치달으며 헛되이 시일을 보내서 부처님 교화를 손상하는 허물을 경책함이다. 또한 선사의 읊은 시와 기문(記文) 약간 편으로써 함께 선 공부하는 사람들에게 부쳐 초하여 인쇄하여 세상에 편다.

불기 2958년 신미 3월 15일
문인 한암중원(漢巖重遠) 근찬(謹撰).

경허① _ 어떻게 살아야 합니까?

젊은 스님이 경허 스님에게 물었다.
"스님, 어떻게 살아야 합니까. 무엇을 해야 합니까."
경허 스님이 답했다.
"그대 마음 속에 일어나는 일이면 무엇이든지 하게. 착함이건 악함이건 하고 싶은 일이면 무엇이든지 다 하게. 그러나 털끝만큼이라도 머뭇거린다든가 후회 같은 것이 있어서는 안되네. 망설임과 후회만 따르지 않는다면 무슨 짓이든지 다 하게. 바로 이것이 산다는 것일세."

'삶이 그대로 수행'인 도리를 드러낸 이 문답은 평범하면서도 비범한 선수행의 핵심을 밝히고 있다. 언뜻 보기에는 막행막식(莫行莫食) 해도 된다는 말로 보일 수도 있지만, '털끝만큼이라도 머뭇거린다든가 후회 없는' 삶을 살아야 하기에 막행막식은 있을 수 없다. 고인들이 말했듯이, 선(善)도 행하지 않는데, 어떻게 악(惡)을 행하겠는가. 매 순간 미래에 대한 망설임도, 과거에 대한 후회도 없이 '지금 여기'에 깨어있는 삶을 살아야 하니 선과 악을 초월해서 보살행을 베풀며 살 수 밖에 없는 것이다.

이는 『금강경』의 "과거의 마음도, 미래의 마음도, 현재의 마음도 얻을 수 없다[過去心不可得 現在心不可得 未來心不可得]", "마땅히 머무는 바 없이 그 마음을 내라[應無所住 而生其心]"는 가르침과 다를 바 없다. 즉 언제 어디서나 머물지 않고, 고정관념에 매이지 않고, 집착하지 않고, 분별·망상하지 않는 무주(無住)의 텅빈 마음으로 살라는 법문인 것이다.

일찍이 임제 선사는 "바로 지금이지 다시 다른 시절이 없다[卽時現今 更無時節]"고 설한 바 있다. 도란 어디에나 걸림이 없는 깨끗한 빛이기에, 진정한 도를 지어가는 사람이라면 "순간순간 마음에 틈새가 없어야 한다[念念心不間斷]"고도 했다. 영가 선사는 "지금 여기, 이 자리를 떠나지 않고 항상 담연하다[不離當處常湛然]"고 진심(眞心)을 표현했다. 진심은 행주좌와 어묵동정 가운데 보고 듣고 인식하는 작용에서 늘 지금 눈앞의 일을 벗어나지 않는 것이다.

2004년 입적한 숭산 스님이 평소 "언제나 '지금 이 순간' 밖에 없다. 아무 것에도 집착하지 마라. 모든 것을 내려놓아라. 생활 속에서 깨달음을 구하라"고 당부한 것도 경허 스님의 뜻을 오롯이 계승한 가르침이라 할 수 있다.

경허② _ 경전으로 벽을 도배해도 됩니까?

경허 선사가 연암산 천장암 인근 지장암이란 토굴에서 머물 때의 일화다. 엄동설한의 한 겨울을 토굴에서 홀로 정진하며 지내기로 한 스님은 낡고 헐어 벽에 틈이 벌어지고 문창이 뒤틀린 암자를 수리하기 시작했다. 그런데 불장(佛藏)에 보관되어 있던 경전을 모조리 뜯어 풀을 바른 후 문이나, 벽, 방바닥, 천장까지 남김없이 바르는 것이 아닌가.

암자로 찾아간 제자들이 이 광경을 보고 깜짝 놀라 물었다.

"스님, 성스러운 경전으로 이렇게 벽과 바닥을 발라 도배 장판을 해도 됩니까?"

경허 선사는 태연히 대답했다.

"자네들도 이러한 경계에 이르면 이렇게 해보게나."

토굴로 찾아간 제자들은 스승의 깊은 경지에 삼배를 올리고 물러나왔다.

경허 스님의 이러한 경지는 불상 위에 올라타고 불쏘시개로 쓴 단하천연 선사나, 경전을 '똥 닦는 휴지'라고 표현한 임제 선사의 경지와 다름이 없다. 우리가 거룩하게 생각하는 경전이나 불상, 부처나 조사라는 고정관념을 훌

쩍 뛰어넘은 상태이다. 『임제록』의 "부처를 만나면 부처를 죽이고, 조사를 만나면 조사를 죽이라[逢佛殺佛 逢祖殺祖]"는 경지이다. 이른바 '살불살조(殺佛殺祖)'의 가르침은 부처와 조사라는 고정관념과 선입관, 분별심, 집착을 타파하라는 것이지, 부처와 조사를 죽이거나 무시하라는 망언이 아님은 물론이다.

임제 선사는 이 대목에서 "설혹 부처와 법이 있다 하더라도 그것은 모두 명칭과 말과 문장일 뿐이다. 어린아이들을 달래기 위한 것이다. 병에 따라 쓰는 약일 뿐이다"라고 일깨우고 있다. 일체의 분별심과 망념을 벗어난 무심(無心)도인에게는 중생의 온갖 병을 치유하기 위한 8만4천 법문이 아무 소용이 없다. 그래서 경허 선사도 "부처님이 말씀한 모든 법은 온갖 분별심을 없애기 위한 것이다. 내게는 이미 분별심이 없거니, 그 모든 법이 무슨 소용이 있으리요."(경허집)라고 당신의 심경을 밝히고 있는 것이다.

따라서 부처와 중생, 보리와 번뇌, 옳고 그름, 사랑하고 미워함이라는 양변(兩邊)의 분별심을 버리지 못한 중생심으로 이러한 훼불(毁佛) 행위를 한다면 그는 혹독한 댓가를 치러야 할 것이다. 그러한 망설임과 후회, 두려움 없이 스스로 부처와 조사가 되기 위해서는 어떻게 공부해야 할까. 그것은 의외로 간단하다. 오래된 분별심부터 버리라는 것이다.

삼조승찬 대사는 『신심명』 첫 머리에서 "지극한 도는 그리 어려운 것이 아니요 단지 취사선택하는 것을 꺼려할 뿐이니, 미워하고 좋아함에 얽매이지 많으면 단박에 오롯이 알게 되리라[至道無難 唯嫌揀擇 但莫憎愛 洞然明白]"고 하였다. 마조 선사는 『마조록』에서 "만약 곧바로 도를 알고자 한다면 평상심이 바로 도이다[平常心是道]. 평상심이란 조작이 없고 시비도 없고, 취사(取捨)도 없고, 단상(斷常)도 없으며, 범성(凡聖) 등의 차별심, 분별심도 없는 그 마음이다"라고 같은 말을 하고 있다.

그런데 우리는 어떤가. 좋고 나쁨, 아름다움과 추함, 길고 짧음, 옳고 그름 등의 세간적인 분별심은 물론이거니와 선과 악, 중생과 부처, 보리와 번뇌 등 진리를 향한 길에서도 사량분별을 잠시도 쉬지 않는다. 일체의 분별과 망상이 끊어진, 물들지 않은 무심(無心), 청정한 '본래의 마음[本來心]', 평상심으로 사는 것은 선(禪) 수행의 골수임을 명심 또 명심해야 한다.

대주 선사는 "일체처무심(一切處無心)이 해탈(解脫)이다"라고 하였다. 이른바 '일체처에 무심하다'는 것은 증애심(憎愛心)이 없는 것이다. 좋은 일을 보고도 사랑하는 마음을 일으키지 않고, 나쁜 일을 보고도 미워하는 마음을 일으키지 않는 것이다. 여기에는 간화니 묵조니 하는 수행법이 끼어들 여지가 없다. 분별심, 차별심, 증애심이 없이 무심으로 사는 생활은 청정한 평상심으로 일상생활을 지혜롭고 무애자재하게 깨어있는 마음으로 살아가는 삶이자 수행이다. 이것을 언제 어디서나 생활화하면 화두를 들 필요도 없이, 어떤 좋거나 나쁜 경계가 오더라도 끄달리지 않는다. 그렇게 되면 임제 선사가 입이 닳도록 말한 "어디를 가나 주인이 된다면 서 있는 곳마다 그대로가 모두 참된 것이 된다"는 말을 수긍하는 날이 올 것이다.

경허③_ 술이나 파전을 먹고 싶을 때

　경허 선사가 청양(靑陽) 장곡사(長谷寺)에 머물고 있을 때의 일이다. 선사가 곡차를 잘 드신다는 소문을 듣고 인근 사람들이 곡차와 파전을 비롯한 여러 안주를 들고 왔다. 이것을 맛있게 먹다가 만공에게 물었다.
　"너는 술이나 파전이 먹고 싶은데 없으면 어떻게 하느냐?"
　그러자 만공이 대답했다.
　"저는 있으면 먹고 없으면 안 먹습니다. 굳이 먹으려 하지 않지만, 생기면 또 굳이 먹지 않으려고도 하지 않습니다."
　선사가 대견한 듯이 보는 척 하다가 말했다.
　"그래? 참으로 너의 도력(道力)이 대단하다. 근데 나는 말이다. 너만큼 도력이 없어서 술이나 파전을 먹고 싶으면 참을성이 없어서 말이다. 밭을 정성스럽게 갈고 좋은 거름을 주고는 좋은 밀씨와 파씨와 깨씨를 구해다가 정성스럽게 가꾸고 알뜰히 키워서 밀로 누룩을 만들고 깨로 기름을 짜고 밀가루와 파를 버물러서 맛있는 파전을 만들어 술과 함께 맛있게 먹겠네."
　그 말을 들은 만공의 등에 식은땀이 흘렀다.

훗날 여러 선사들은 이 문답이 경허 선사의 진면목을 드러내는 향상일구(向上一句: 끝없이 초월하는 깨달음의 한 마디)라고 말할 정도로 중요한 대목이다. 이때의 심정을 만공 스님은 뒷날 이렇게 토로하고 있다.

"스승의 말씀을 듣고 등에서 땀이 흐르고 등골이 오싹해 지며 정신이 아찔했다. 그리고 자신의 견해가 너무 얕고 스승의 경지는 하늘같이 높아서 도저히 상대가 되지 않음을 알았다."(『경허, 부처의 거울 중생의 허공』중에서)

이 문답은 목 마르면 물 마시고, 졸리면 자는 '평상심(平常心)이 도(道)' 인 경지를 한 차원 높게 드러내고 있다. 본래 평상심은 아무 생각 없이 되는대로 흐리멍텅하게 사는 게 절대 아니다. "배 고프면 밥을 먹고 피곤하면 잠을 잔다[飢來喫飯 困來卽眠]"는 말은 같지만, 범부의 일상사와는 다르다.

어째서 같지 않을까. 이에 대해 대주혜해 선사는 "그들은 밥을 먹을 때 마음으로 밥을 먹지 않고 온갖 딴 것을 찾아 헤매며, 잠 잘 때는 천 가지 잡생각을 한다. 그러므로 같지 않은 것이다." 라고 일러주고 있다. 그는 또 "마음이 사물을 쫓[追]으며 사는 것이 사(邪)며, 사물이 마음을 좇

콧구멍 없는 소 43

[從]는 것이 정(正)이다"라고 부연설명을 하고 있다.

평상심은 늘 '지금 이 자리'에서 일체의 분별심을 버리고 무심(無心)이 되어 깨어있는 진지한 삶을 살라는 가르침이다. 이 무심은 마음이 텅 비워져 아무 것도 없는 것이 아니라 시간과 공간이 '영원한 현재'를 통해 뭉쳐진 일심(一心)이다. 운문 스님이 '하루 하루가 좋은 날이다[日日是好日]'고 한 것도 영원(永遠)이 '절대 현재'에 응축되어 있음을 표현한 말이다. 조주 선사가 "너희들은 12시에 부림을 당하고 있지만, 나는 12시를 부리고 있다"고 말한 것도 하루 24시간 주인이 되어 평상심으로 사는 법을 일러준 것이다.

매순간 대상과 일에 완전히 몰입하는 '평상심'을 실현하는 방법에 대해서는 베트남 출신의 틱낫한(임제종 41세) 스님의 '정념(正念, mindfulness)' 수행이 좋은 예가 된다. 이 '정념'은 몸과 마음의 움직임을 온전히 관찰하는 것은 위빠사나와 다를 바 없지만, 지금 여기서 일과 대상과 철저히 하나 되는 생활선이란 점이 다르다. 그래서 스님은 "설거지를 하는 동안에는 설거지만 해야 한다. 설거지를 하는 동안 자신이 설거지를 하고 있다는 사실을 완전하게 깨닫고 있어야 한다."(『삶에서 깨어나기』중에서)고 말하고 있다. 설거지할 때나, 밥먹을 때나, 일할 때도 일행삼매(一行三昧)가 된다면 경허 스님처럼 늘 깨어있으면서도 일없이 한가로운 도인의 삶을 살 수 있는 것이다.

그러나 본래심(本來心)으로 조작과 번뇌·망념 없이 평상 무사(無事)한 일상생활을 누리는 것은 말처럼 쉬운 일은 아니다. 이를 현실에 적용하려는 세심하고도 부단한 노력이 필요하다. 평상심으로 주인이 되어 살기 위해서는 깨달음에 대한 집착마저 쉬어야 가능한 일이기 때문이다. 하물며 재물과 명예, 욕망을 탐하는 삶이야 말해서 무엇하랴.

24시간 깨어있는 평상심의 삶은 이론이 아닌 실제적인 공부이다. 영흥 스님(진접 불뢰굴)은 "평상심이란 다시 딴 마음이 없는 것이다. 그러나 자각 없는 평상심이란 혼침(昏沈: 정신이 어둡고 몽롱한 상태)이다"고 주의를 주었다. '오직 할뿐'이란 화두에 대해서도 "단순히 할 뿐이라고 해서 할 뿐으로만 지내면 역시 혼침이다. 할 뿐인 자체가 항상 자각되어 스스로 지키고 쓰고 누려야 한다"고 강조했다.

선방에서 화두를 챙기는 것이 연습이라면, 생활 속의 수행은 인혹(人惑: 남에게 속아서 끄달리는 것)과 경혹(境惑: 경계로부터의 유혹)과 대결하는 실전임을 명심해야 공부에 확실한 진보가 있게 된다.

경허④ _ 아직도 쌀 자루가 무거운가?

경허 선사와 만공 스님이 탁발을 나갔다가 돌아오는 길이었다. 만공의 등에 진 쌀 자루에는 쌀이 가득했다. 길은 먼데 몹시 무겁고 피곤했다. 선사가 만공을 돌아보며 말했다.

"무거우냐?"

"예."

"그러면 내가 무겁지 않은 방법을 가르쳐 줄테이니 너도 따라 하거라."

그러자 만공은 귀가 솔깃하여 "예, 스님" 하며 대답했다.

선사는 마침 물동이를 이고 지나가는 젊은 아낙네의 양귀를 잡고 입을 맞추었다.

"에그머니나!"

여인은 비명을 지르고 물동이를 떨어뜨리고는 마을로 달려갔다. 이 소문이 곧 마을에 퍼지고 급기야는 몽둥이를 든 마을 사람들이 두 사람을 잡으려고 뛰어나왔다.

"저 땡중 놈들을 잡아라!"

선사는 이미 저 멀리 도망가고 있고 어안이 벙벙하던 만공은 놀라서 '걸음아 날 살려라' 하고 뛰기 시작했다. 이윽고 마을을 벗어나 산길로 접어들자 경허 선사가 말했다.

"아직도 무거우냐?"

"그 먼 길을 어떻게 달려왔는지 모르겠습니다."

"그래, 내 재주가 어떠냐? 무거움도 잊고 그 먼 길을 단숨에 달려왔으니 말이다."

유명한 이 선화(禪話) 역시, 무애자재한 행위를 통해 제자에게 심법(心法)의 이치를 깨닫도록 하는 경허 선사 특유의 심지법문(心地法門)이 잘 드러나 있다. 하지만, 혹시나 깨치지 못하고서 먼저 막행막식하는 무애행부터 흉내내는 자가 있다면 그는 불법을 비방하는 자일 뿐이다. 그래서 경허 스님의 제자인 한암 스님은 스승을 불이법(不二法)을 체득한 세상에 드문 선지식으로 찬탄하고, 스승의 무애행이 큰 깨침에서 나온 것이며 범부 중생이 도저히 모방할 수 없는 것이기에 함부로 따라해서는 안된다고 주의를 주었다. 즉 "화상의 정법의 교화를 배움은 옳으나 행위와 언동을 배워서는 안된다"(『경허집』)고 강조했다.

물론 단순히 파계(破戒)했다는 이유만으로 경허 스님의 무애행을 비판하는 것 역시 마치 '대통같은 소견으로 비방하는' 단견에 불과하다. 큰 코끼리는 토끼 길에 노닐지 않고, 큰 깨달음은 작은 절개에 구애되지 않는다고 하지 않았던가.

　위의 선문답은 무겁고, 가볍다고 하는 우리의 느낌이 '한 생각[一念]'에서 비롯되었음을 일깨우고 있다. 무겁다는 생각이 있지 않다면 전혀 무겁지가 않은 것이다. 마음 속에 '한 물건[一物]'도 없다면 무겁다거나 두렵다는 생각이 발붙일 자리가 어디 있겠는가.

　이 선문답은 2조혜가 스님이 달마 대사를 찾아가 "마음이 불안하니 안심(安心)의 가르침을 주십시오"라고 법을 청했을 때, 달마 대사가 안심법문을 베푸는 장면과 흡사하다.

　달마 대사가 "너의 그 불안한 마음을 가져오너라. 너에게 안심을 주리라"고 했을 때,

　혜가 스님은 "마음을 찾아 (팔까지 자르며) 보아도 찾을 수가 없습니다"라고 대답한다.

　그러자 달마 대사는 "나는 이미 너를 편안케 하였다"고 일깨우는 장면이 그것이다.

　불안한 마음, 무거운 마음, 두려운 마음 그 어떤 마음이든 찾아본들 찾을래야 찾을 수 없다. 마치 신기루나 아지랑이 처럼 잡을래야 잡을 수 없는 물건 아닌 물건이다. 이

마음이란 것은 '토끼 뿔'이나, '거북 털'처럼 허깨비로만 존재한다. 어디 그뿐인가, 보고 듣고 감각하는 대상들 역시 허망한 것이다. 그래서 『금강경』은 "일체의 '함이 있는 법[有爲法]'은 꿈과 같고 환상과 같고 물거품과 같으며 그림자 같으며 이슬과 같고 또한 번개와도 같으니, 응당 이와 같이 관할지니라"라고 하지 않았던가. 그러니 불안하고 무겁고 두려운 마음으로 허둥대거나 고통스러워할 하등의 이유가 없는 것이다.

　　죄는 본래 자성이 없고 마음따라 일어나니[罪無自性從心起]
　　마음 만일 없어지면 죄업 또한 사라지네[心若滅時罪亦亡]
　　죄가 없어지고 마음도 소멸하여 두 가지가 텅 비어지면[罪亡心滅兩俱空]
　　이를 이름하여 참다운 참회라 한다[是則名爲眞懺悔].

　　우리가 매일 외우는 『천수경』의 게송 역시 이러한 도리를 극명하게 일러주고 있다. 사랑하고 미워하는 마음, 번뇌는 싫고 보리(菩提)는 좋다는 생각, 나와 너라는 생각, 마음과 대상이라는 이분법을 함께 텅 비워버리지 않는한

우리는 만공 스님이 들고 뛰었던 저 무거운 쌀 자루를 내려놓을 기약이 없다. 사랑하고 미워하는 마음, 옳고 그르다는 모든 분별심을 '쉬고 쉬고 쉬어가며 내려놓다[休休休放下]' 보면 저마다 지고 다니는 무거운 쌀 자루를 내려놓을 날이 올 것이다.

경허⑤ _ 달마가 서쪽에서 온 뜻

경허 스님이 홍주 천장암에 머물 무렵, 계룡산에 태평상인(太平上人)이란 지혜와 덕을 갖춘 스님이 있었다. 경허 스님의 명성을 들은 태평상인은 서산 부석사에서 스님을 만나게 되었다.

태평상인이 경허 스님이 있는 방문을 활짝 열고 들어서자마자 물었다.

"달마가 서쪽(인도)에서 온 뜻이 무엇입니까?[如何是祖師西來意]"

말이 떨어지자 마자, 경허 스님은 대뜸 주장자를 들어 후려쳤다.

태평상인이 다시 말했다.

"때리려면 때려도 좋소이다. 그러나 '조사서래의'를 맞힌 것은 아니지 않소이까?"

이 말을 들은 경허 스님이 곧 되짚어 말했다.

"무엇이 조사서래의인가?"

이번에는 태평상인이 주장자로 경허 스님을 후려갈겼다.

얻어맞은 경허 스님이 말했다.

"사자는 사람을 물고 한나라 개는 흙덩이를 쫓거든[獅子咬人 漢盧逐塊]."

이 말을 듣고 태평상인이 공손히 말했다.

"법은(法恩)이 망극합니다."

경허 스님은 웃으면서 법당으로 걸음을 옮겼다.

'조사(달마)가 서역에서 온 뜻'이란 '조사서래의(祖師西來意)', 즉 불법의 대의를 말한다. 불조(佛祖)의 뜻이 무엇인가, 깨달음이란 무엇인가, 부처란 무엇인가 등과 같은 질문이다.

선(禪)에서는 시간과 공간을 창조하는 것을 '본래의 자기'로 본다. 그래서 참된 나는 가도 가는 바가 없으며, 와도 오는 바가 없다. 서쪽에서 온 바도, 동쪽으로 간 바도 없다. 늘 있는 자리 그대로가 여여(如如)하기에, 부처님을 '여래여거(如來如去)'라 부르기도 한다. 이 여여의 자리는 나고 죽음도, 늘어나고 줄어듦도, 더럽고 깨끗함도 없다는 것이 선의 입장이다. 그래서 본래부터 완전하고, 본래부터 자유롭고, 본래부터 평화로운 자리이다. 그러나 망상과 집착의 무명(無明)으로 인해 스스로 속박되어 고통을 받고 살아가는 것이 범부의 삶이다.

지금 이 글을 보고 요리조리 사량·분별하고 있는 마음은 중생심이다. 분별·망상으로 이뤄진 마음이다. 분별망상 이전의 성품은 한 생각 일으키기 전, 시간과 공간을 초월한 본래면목(本來面目)인 것이다.

　이론을 좋아하는 사람들이 말을 할 때는 깨달은듯 하지만 경계에 이르면 어리석으니, 이른바 말과 행동이 서로 어긋난다고 했다. 문자나 말이란 진실을 드러내는 순간에는 별 쓸모가 없다. 이 언어란 맹물 맛 하나 제대로 설명할 수 없는 것이다. 물이 차갑고 뜨거운지는 스스로 마셔보는 수밖에 없다[冷暖自知]. 하물며 불법의 대의를 어떻게 말로 설명할 수 있겠는가.

　『오등회원(五燈會元)』에는 "모름지기 사자가 사람을 물듯이 하되, 한(韓) 나라 개가 흙덩이를 쫓는 것 같이 쓸데없는 것을 배우는데 정신을 쏟지 말라"는 말이 있다. 대주혜해 선사는 경전(이론)에만 집착하는 수행자를 한로축괴(漢盧逐塊)라 경책하고, "경·율·논은 자성의 쓰임일 뿐이다. 그것을 읽으며 외는 사람이 바로 자성 그 자체다[經律論是自性用 讀誦者是性法]"고 말하고 있다.

　부처(自性)는 경을 읽거나 외는 그대 자신이다. 경전과 이론은 자성을 깨닫기 위한 방편일 뿐이다. 언어나 문자의 방편에만 매달리는 수행자는 흙덩이를 쫓는 개일 뿐이다.

매순간 불법을 쓰고 누리면서도, "불법이 무엇인가?" 하고 질문하는 것은 소를 타고 소를 찾거나 종로에서 서울 찾는 어리석은 행위이다. 하지만 태평상인의 '조사서래의'를 묻는 질문은 몰라서 묻는 것이 아니라, 선문답을 나누기 위한 전형적인 질문으로 봐야 한다.

불법의 대의를 묻는 태평상인의 질문에, 경허 스님은 말과 생각을 떠나 문득 때리는 행위로 자성의 전체작용(全體作用)을 드러냈다. 하지만 태평상인은 경허 스님의 말을 떠난 대답의 의미를 알면서도 짐짓 모른 체 하며 "조사서래의를 맞히지 못했다"며 한번 더 테스트를 하고 있다. 이에 경허 스님은 다시 똑같은 질문을 태평상인에게 던지며 공격을 피해간다. 그러자, 태평상인 역시 똑같은 방(棒)으로 응수한다. 태평상인이 불법의 대의를 잘 알면서도 경허 스님을 시험한 것으로 볼 수 있다.

태평상인은 이미 경허 스님과 우열을 가늠하기 힘든 경지임에도 겸손함을 보이고 있다. '불법이 이것이니 저것이니 하며 흙덩이를 쫓는 개가 되지 말라'는 경허 스님의 경책에 그는 진심으로 감사의 뜻을 표한다. 깨달은 사람의 언행은 그 어떤 것도 자성의 작용을 온전히 드러낸다. 반면, 말만 익힌 사람은 어떤 언행을 해도 확신이 부족한 모방에 불과하다. 경허 스님과 태평상인은 흙 쫓는 개가 아니라 세상에 보기 드문 사자들이기에, 여기서 서로를 긍정하는 인사말과 웃음으로 문답을 끝마치고 있다.

임제 스님은 "부처를 찾으면 부처를 잃을 것이다", "문자에 속지 않으면 그 마음 그대로 살아있는 조사(祖師)다"라고 했다. 밖에서 찾으면 찾을 수록 멀어진다. 똥덩어리 찾아 헤매는 개가 아니라, 당당한 사자(부처)로 살아가는 것이 대장부, 여장부의 삶이다.

경허⑥ _ 사람마다 본래 구족하고 있는 자리

경허 스님이 천장암에 머물던 어느 날, 시자가 스님에게 여쭈었다.

"스님은 누구든지 곡차에 안주를 가지고 와야 설법을 하시고, 그냥 와서 물으면 소나 닭 보듯이 아무 말씀도 않으시니 웬일이십니까? 스님께서는 선불이라야 설법을 하시고 외상설법을 아니 하시는 것입니까?"

"에이, 이놈아, 그게 무슨 소리야. 그 자리는 본래구족(本來具足)하여 사람사람이 다 구족하게 갖고 있거늘 내가 무슨 말을 하겠느냐? 곡차나 주면 이것을 핑계하고 이 소리 저 소리 횡설수설하는 것이 아니냐."

경허 스님은 명성을 듣고 찾아오는 수행자들이 불법의 도리를 물으면 종일 말없이 앉아있곤 했다. 대신 누구든지 곡차를 올리며 법문을 청하면 곡차를 마시고는 하루 종일이라도 법문을 했다고 한다. 이런 광경을 자주 지켜보던 시자가 '스님께서는 만인 앞에 평등하셔야 할 도인이신데, 어찌 (곡차를 대접하는 여부에 따라) 그렇게 편벽하십니까?' 하는 항의성 질문을 던지고 있다.

당시에 아직 안목을 갖추지 못한 만공 시자가 곡차를 대접하지 않은 수행자들이 불법의 도리를 물었을 때 경허 스님이 침묵한 것을 대답을 회피한 것으로 본 것은 물론 잘못된 견해이다. 경허 스님이 묵묵부답한 것은 마치 유마 거사가 불이법문(不二法門)을 묻는 문수보살의 질문에 양구(良久), 즉 '잠자코 말하지 않은[默然無言]' 것과 다름이 없다. 이를 한 번의 묵언이 우뢰와 같은 법문이라 해서 '일묵여뢰(一默如雷)' 라고 한다.

『유마경』「불이법문품」에 보면, 31명의 보살들이 저마다 불이법문에 드는 견해를 말하고 나서, 보살들이 문수보살에게 질문을 던진다.

"어떻게 하는 것이 보살이 불이법문에 드는 것입니까?"

이에 문수보살은 "내 뜻으로는 모든 법(진리)이 말할 것도 없고[無言], 이를 것도 없으며[無說], 보일 것도 없고[無示], 알릴 것도 없어서[無識], 모든 질문과 대답을 초월한 것[離諸問答]이 바로 둘 아닌 법문에 듦입니다" 라고 대답한다.

이어 문수보살은 유마 거사에게 묻기를 "무엇이 보살이 불이법문에 들어가는 것입니까?" 하니,

유마 거사가 이때 잠자코 말을 하지 않았다.

31분의 대보살들이 불이법문에 대해 대답한 것도 훌륭하기 그지없다. 그러나 그 답들은 아직 개념과 생각의 경계 속에 머물러 '언어와 개념의 차원[言說相]'을 초월하지 못한 것으로 보인다. 반면 문수보살의 대답은 언설도 없으며 보일 것도 알 것도 없다는 것이다. 그것은 질문과 대답을 모조리 초월한다. 상식을 깨뜨리는 멋진 대답이 아닐 수 없다. 그러나 문수보살의 지혜도 유마 거사 앞에서는 빛을 잃는다. 거사는 잠자코 말하지 않는 것으로 '한 법도 설한 바 없이' 일체 법을 설했기 때문이다.

　이에 문수보살이 찬탄하며 "좋고도 좋습니다[善哉善哉]. 글자도 언어도 없음이니, 이것이야말로 참으로 둘 아닌 법문에 듦입니다"라고 찬탄한다. 개념과 언설의 차원을 초월한 말없는 대답을 본 문수보살이 유마 거사를 인정하지 않을 수 없었던 것이다.

　그렇다면, 경허 스님의 양구(良久)를 이해한 수행자도 있을 것이고, 그렇지 못한 이도 있을 것이다. 양구의 뜻을 이해하지 못한 이들 가운데 곡차를 대접하는 사람이 있다면, 곡차 안주 삼아 마지못해 불법을 논할 뿐이라는 것이다.

　불법은 말로 충분히 설명할 수 없기에 한 법도 설할 수 없지만, 동시에 일체 법을 설해야만 불법이 끊어지지 않는다. 부처님께서 8만4천 법문을 설하시고도 한 글자도 설한 바 없다고 하신 뜻이 여기에 있다. 그래서 고인들은 "한 법도 설한 바가 없다고 하면 경을 비방한 것이요, 한 법이라도 설한 바가 있다면 부처님을 비방한 것이다" 라고 했다.

입을 열면 불·조사의 뜻에 어긋나고 입을 닫으면 불법을 전할 방도가 없으니, 과연 어찌 해야 할까. 누가 불법을 물으면 경전에 집착하거나 매이지 않고 경전을 자유자재로 굴리며 답할 수 밖에 없으리라.

경허⑦ _ 뱀이 실컷 놀다 가게 가만히 두어라

경허 스님이 천장사에 계실 때, 어느 여름 밤이었다. 만공 스님이 큰방에 볼 일이 있어 경허 스님이 누워 계시는 그 앞으로 호롱불을 들고 지나가다 얼떨결에 보니, 스님의 배 위에 길고 시꺼먼 뱀이 척 걸쳐져 있었다.

만공 스님이 깜짝 놀라,

"스님, 이게 무엇입니까?"

하니, 경허 스님이

"가만히 두어라. 실컷 놀다 가게."

하고는 놀라지도 않고, 쫓지도 않은 채 태연히 누워계실 뿐이었다. 얼마 후 뱀이 유유히 숲속으로 돌아간 뒤, 선사의 법문이 이어졌다.

"이런 때에 마음이 조금도 동요됨이 없이 자기 공부에 정진해 가야 하느니라."

확실히 깨달음을 얻어 생사의 두려움으로부터 해탈한 대장부의 대무심(大無心) 경계를 엿볼 수 있는 선화(禪話)이다. 어떠한 경계에도 마음이 요동치지 않는 깊고 깊은 무심의 경지가 아니라면 어느 누가 이와 같겠는가.

선 수행은 사실상, 무심을 체득하는 것이 처음과 끝이라 해도 과언이 아니다. 무심의 도리를 직관적으로 통달한 뒤, 생활 속에서 실제로 무심의 삶을 사는 것이다. 그래서 대주 선사는 "일체처에 무심한 것이 해탈"이라고 까지 하였다.

모든 번뇌망상 속에서 생활하는 사람을 중생이라 한다면, 일체의 망상을 떠나 사는 이를 부처라고 한다. 모든 망상을 떠났으므로 망심이 없기에, 이것을 무심(無心)이라고 하고 무념(無念)이라고도 한다. 물론 참다운 무심은 오직 제8 아뢰야식의 근본무명까지 완전히 끊은 구경각(究竟覺) 즉 묘각(妙覺)만이 참다운 무심이다. 무심이라고 해서 바위처럼 아무 생각이 없는 것이 아니고, 일체 망상이 다 떨어진 동시에 대지혜 광명을 자유자재를 쓰고 누리는 것을 말한다.

육조 스님은 『육조단경』에서 "내 이 법문은 위로부터 내려오면서 먼저 무념(無念)을 세워 종(宗)을 삼고, 무상(無相)으로 체(體)를 삼고, 무주(無住)로 본(本)을 삼았다"라고 하면서 무념을 이렇게 설명했다.

"모든 대상에 마음이 물들지 않으면 이것이 무념(無念)이니, 제 생각에 항상 모든 대상을 떠나서 대상에 마음을 내지 말 것이다. 그러나 만약 아무 것도 생각하지 않고 모든 생각을 아주 없애버리면, 한 생각이 끊어지면서 곧 죽어 딴 곳에 태어나니, 이것은 큰 착오이므로 배우는 사람은 명심해야 한다."

이처럼 무심은 바위나 고목과 같은 아무 생각이 없이 흐리멍텅한 무기(無記)의 상태가 아니다. 본래부터 청정하고 밝아서 물들일 수 없는 불심(佛心)인 것이다. 때문에 무심은 바꿔 말하면 불생불멸(不生不滅)이라 할 수 있다. '불생'이란 한 생각 사량·분별심을 내지 않아 일체 망상이 다 떨어졌다는 말이고, '불멸'이란 대지혜 광명이 나타나 사라지지 않는다는 말이다. 즉 불생이란 적(寂: 고요함)이고 불멸이란 조(照: 지혜로 비추어 봄)이다. 또한 무심을 경전에서는 정혜(定慧)라고도 한다. 정(定)이란 일체 망상이 모두 없어진 것을 말하고, 혜(慧)라는 것은 대지혜 광명이 나타나는 것을 말한다. 그래서 정혜등지(定慧等持)를 부처님이라고 하는 것이다.

위빠사나에서는 마음을 관용, 자애, 지혜 등의 선심(善

心)과 탐욕, 성냄, 어리석음과 같은 불선심(不善心), 선 또는 불선으로 대상을 받아들이는 과보심(果報心), 원인과 결과가 없이 단지 작용만 하는 무표심(無表心) 등 네 가지로 분류한다. 여기서 선심, 불선심, 과보심은 유위법(有爲法)으로서 업의 법칙이 적용되는 원인과 결과가 있는 마음이다. 그러나 무표심은 무위법(無爲法)으로서 아라한과 부처님의 마음이라 한다. 무표심은 어떤 대상이라도 선심이나 악심을 일으키지 않고 단지 작용만 하는 마음이다. 따라서 업이 되지 않는 마음으로 다음 생을 만들 원인이 없는 마음이다. 윤회를 할만한 원인이 없는 마음이기 때문에 자연스럽게 윤회가 끝나게 된다.(『12연기와 위빠사나』 중에서)

이 무표심은 누구에게나 있는 마음이다. 단지 계발이 되지 않아서 잠자고 있을 뿐이다. 따라서 위빠사나의 마음챙김이든 달마선의 관법이든 수행은 '바라는 마음이 없이[無願]' 해야 한다. 단지 작용만 하는 무표심, 즉 무심을 계발하는 것이 수행이다. 보고 듣고 감각하고 지각할 때 갈애(渴愛)를 일으키지 않고 그냥 맨 느낌의 상태가 되면 12연기의 회전에 말려들지 않고 무심의 상태에 머무는 것이 된다.

결국 수행자들은 무심을 체험하는 순간, 부처님의 마음을 경험하는 것이다. 그래서 '무심이 곧 부처다'고 하는 것이다. 물론 선(禪)에서는 '무심에도 한겹의 관문이 있다'고 하면서, 적극적인 보살행을 주문한다. 무심과 유심을 초월한 무심으로 부처행[佛行]을 하는 것, 이것이 참된 무심의 생활인 것이다.

경허⑧ _ 콧구멍 없는 소

1879년 11월, 경허 스님이 동학사 조실방에서 '여사미거 마사도래(驢事未去 馬事到來: 나귀의 일도 가지 않았는데 말의 일이 닥쳐왔다)' 화두를 들고 용맹정진한지 석 달이 지났다. 동짓달 보름께였다. 그때 동은(東隱)이라는 사미승이 스님의 시봉을 들고 있었다. 동학사 밑에 사는 동은 사미승의 부친은 여러 해 동안 좌선하여 스스로 깨달은 바가 있어서, 사람들이 모두 그를 이 처사라고 불렀다.

어느 날, 만화 스님의 제자이자 경허 스님의 사형인 학명(學明) 스님이 이 처사를 찾아갔다. 찾아간 학명 스님을 보고 이 처사가 말했다.

"요새 동욱(경허 스님) 대사는 뭘 하나?"

"그저 방안에서 소처럼 앉아 있습니다."

"중노릇 잘못하면 소되는 이치를 아는가?"

"그거야 공부를 하지 않고 공양만 받아 먹으면 소밖에 될 게 있습니까?"

"거 대답 한번 잘못했네. 중노릇을 그만큼 하고 겨우 대답을 그렇게 밖에 못한단 말인가?"

"그럼, 어떻게 해야 하나요? 나는 선리(禪理)는 모릅니다."

학명 스님은 당시 참선 보다는 총무 소임을 보며 사무를 보기에 바빴었다.

"소가 되어도 콧구멍 뚫을 데가 없으면 되는 게지."

동학사로 돌아 온 학명 스님은 그 이야기를 이 처사의 아들인 동은 사미승에게 말했다.

"너의 아버지가 이런 말을 하셨는데, 너 무슨 뜻인지 알겠느냐?"

그 이야기를 들은 동은 사미승은 경허 스님이 참선하는 바로 옆방에서 다른 사미들에게 수수께끼처럼 물었다.

"너네들, 중노릇 잘못하면 소가 되는 이치를 아니?"

"소가 되는 이치가 뭔데?"

"글쎄, 그게 뭘까?"

"야, 소가 돼도 콧구멍 뚫을 데가 없으면 된단 말야."

동은 사미승은 커다랗게 말했다.

어린 사미승의 그 말이 참선중인 경허 스님의 뒤통수를 '꽝' 하고 때렸다. 대지가 그냥 내려앉았으며, 만물과 자신을 함께 잊고 온갖 법문의 끝없는 오묘한 이치가 당장에 얼음 녹듯 풀렸다.

경허 스님이 '여사미거 마사도래' 화두를 타파한 기연이다.

'여사미거 마사도래' 화두는 8세기 중국 위앙종의 대선사 영운지근(靈雲志勤·771~853) 스님에게서 비롯됐다. 어느 때 한 수좌가 영운 선사에게 "불교의 대의가 무엇입니까?"라고 묻자, "나귀의 일도 가지 않았는데 말의 일이 닥쳐왔다"고 답한 공안이다.

경허 스님이 '콧구멍 뚫을 데가 없다[無穿鼻孔處]'는 말에 이 공안을 타파했다는 것인데, 그렇다면 '콧구멍 없는 소'가 '불법의 대의'와 어떤 연관이 있다는 뜻일까.

원래 '콧구멍(鼻孔)'이란 말은 인간의 마음 속에 간직한 불성(佛性)의 기미를 의미한다. 중국 법안종의 종주 법안 선사의 어록에 '콧구멍 없는 소[牛無鼻孔處]'라는 표현이 실려 있다. 태아가 어머니의 뱃속에서 생겨날 때 코가 먼저 생기며, 오관 중에서도 콧구멍이 먼저 뚫린다고 본 데서 '콧구멍'은 불성, 본분(本分), 본각(本覺)에 비유되었다. 때문에 해탈한 모습을 '콧구멍이 아주 누긋해졌다[鼻孔累垂]'고도 표현했다. 즉 콧구멍이 인간이 본래 지닌 불성을 뜻한다면, '콧구멍 뚫을 데가 없는 소'란 새삼스럽게 깨달아야 할 진리가 있는 것이 아니라는 뜻도 될 것이다. 하지만 이는 어디까지나 문자적인 해석일 따름이다.

토굴의 꽉 막힌 벽처럼 그를 가두었던 미망의 그물이 산산조각 나면서 경허 스님은 이제 당나귀와 말의 일 사이에서 방황하는 일이 없는 '콧구멍 없는 소'가 된 것이다. 고삐를 꿸 콧구멍이 없는 소는 이리저리 끌려 다닐 일이 없다. 그 자신이 바로 바로 자유와 해탈 자체가 된 것이다. 경허 스님이 절집의 관례를 깨고 스스로 법명을 깨달은 소, 즉 '성우(惺牛)'라고 지은 까닭은 바로 여기에 있다.

02 수월 선사

수월음관(水月音觀) 행장

　혜월혜명(慧月慧明), 만공월면(滿空月面) 스님과 함께 경허의 세 달로 불리는 수월(水月, 1855~1928) 스님의 법명은 음관(音觀)이다. 1855년 충청남도 홍성군 구향면 신곡리에서 태어난 스님의 성씨는 전(全) 또는 전(田)씨 라는 두 가지 설이 있다.

　어려서 부모를 잃은 뒤 남의 집에서 머슴살이를 하면서 자란 그는 어느 탁발승의 수행이야기를 듣고 깊이 감명을 받아 1883년 나이 서른에 서산 천장암을 찾아갔다. 당시 천장암에는 경허 선사의 친형인 태허 스님이 홀어머니 박씨를 모시고 주지로 있었다. 1887년 겨울 어느 날, 태허 스님은 수월에게 법명과 사미계를 내려 정식으로 출가를 허락했고 경허를 법사로 정해주었다. 같은 해 겨울, 수월 스님은 천수대비주를 외우며 용맹정진을 했는데, 이레째 되는 날 밤 몸에서 불기둥이 뿜어져 나오는 방광(放光)을 체험하고 세 가지 특별한 힘을 얻었다. 즉 한 번 보거나 들은 것은 결코 잊어버리지 않게 되었고, 잠이 없어져 버렸으며, 앓는 사람의 병을 고칠 수 있게 된 것이다.

이 후 스님은 보임공부를 위해 천장암을 떠나 금강산 유점사에서 신분을 숨긴 채 여전히 땔나무를 해 나르며 한 철을 지냈으며, 1891년 무렵에는 경허, 제산 스님 등과 호서지방을 돌면서 함께 수행했고, 1892년경 금강산 마하연사에서 조실로 추대되었다. 1896년 지리산 천은사 상선암과 우번대로 수행처를 옮긴 스님은 이곳에서도 밤새 삼매에 들어 몸에서 빛줄기가 터져나왔다. 어찌나 크고 강렬했던지 천은사에 살던 대중들뿐만 아니라 아랫마을 사람들까지 몰려왔다고 한다.

1907년 스님은 오대산 상원사에서 반 년을 지내다가 묘향산 중비로암에 들어가 3년 동안 머물렀다. 그 후 1910년경 강계군에 있는 자북사 등지에 머물면서 스승인 경허의 행방을 애타게 찾아 다녔고, 결국 스님은 갑산군 도하리에서 박난주라는 이름으로 신분을 감춘 채 훈장노릇을 하던 스승 경허를 만났다.

　그 뒤 스님은 스승이 열반에 들 때까지 2년 동안 갑산에서 가까운 회령 백천사, 만월산 월명사, 칠보산 개심사 등지에서 정진하면서 지냈다. 1912년 경허가 열반에 든 소식을 당시 수덕사 정혜선원에서 정진하던 만공 스님에게 알려준 수월 스님은 이후, 두만강을 넘어 간도로 들어갔다. 백두산 기슭에 있는 도문시 희막동에서는 일반인의 모습으로 3년 동안 소먹이 일꾼 노릇을 했다. 이때 스님은 밤을 새워 짚신을 삼고, 낮에는 소치는 짬짬이 주먹밥을 만들어 놓았다가 고향을 떠나 피난길에 오른 동포들을 위해 산 바위 위에 주먹밥과 짚신을 올려놓아 무주상보시(無住相布施)를 베풀었다.

　스님은 1915년 흑룡강성의 수분하로 들어가 관음사라는 작은 절에서 신분을 감춘 채 어떤 젊은 스님에게 온갖 욕설과 행패를 당하면서도 6년간 보임공부에 열중했다. 그 뒤 1921년 봄 왕청현 나자구에 들어가 동포들이 지어준 화엄사라는 작은 절에 머물며 누더기를 걸치고 날이 밝으면 종일 들이나 산에 나가 말없이 일했고, 탁발을 자주 다녔으며, 생식을 했고, 잠을 자지 않았으며, 산짐승과 날

짐승과 어울려 놀았다고 한다. 스님이 화엄사에 머무는 동안 금오, 효봉, 청담 스님 등이 찾아와 몇 달 혹은 1년 동안 함께 지내면서 그의 '말없는 가르침'을 배워갔다.

 1928년 음력 7월 16일, 스님은 "개울에 가서 몸 좀 씻겠네"라고 하고선 절 뒤편 송림산 개울물에 깨끗이 몸을 씻고 갠 바지저고리와 새로 삼은 짚신 한 켤레를 가지런히 올려놓고 결가부좌한 자세로 입적했다. 세수 74세, 법랍 45세였다. 입적 후 7일 동안 밤마다 송림산에 불기둥이 치솟는 대방광이 일어났고, 산짐승과 날짐승이 떼를 지어 울었다고 전한다.

수월① _ 무엇이 숭늉그릇인가?

어느 날, 수월 스님이 만공 스님과 한담을 나누다가, 숭늉 물그릇을 들어 보이며 물었다.

"이 숭늉그릇을 숭늉그릇이라 하지도 말고, 숭늉그릇 아니라 하지도 말고, 한 마디 똑바로 일러 보소."

만공 스님이 문득, 숭늉그릇을 들어 밖으로 집어던지고 묵묵히 앉아 있으니, 수월 스님이 "참으로 잘 하였소" 하고 찬탄하였다.

충남 홍성에서 태어난 수월(1855~1928) 스님은 일찍 부모를 여의고 머슴살이로 지냈기에, 글을 읽지 못했다. 문자를 모르는 대신 스님은 행자생활 중에 항상 신묘장구대다라니(천수대비주, 천수다라니)를 일념으로 지송하였다. 한번은 솥뚜껑 장단으로 열심히 외우는데, 밥쌀을 씻어두고 가마솥에 물을 가득 부어 불을 지폈다. 그런데 그의 스승이신 경허 선사가 지나가며 보니 솥에 물은 펄펄 끓는데 불을 계속 지피면서 '나모라 다나다라 야야 나막 알약 바로기제 새바라 다바…' 하고 외우고만 있었다. 조금 있다가 다시 와보니 역시, 밥주걱으로 솥뚜껑을 두드리며 계속 다라니만 외우고 있었다. 결국 한 나절이 다 되도록 계속 불을 지피니 솥이 벌겋게 달아올라 곧 불이 날 지경이었다. 경허 선사는 사람을 시켜 불을 끄게 하고는 삼매에 빠진 수월을 다른 곳으로 옮겨 다라니정진에 몰두하도록 배려하였던 것이다.

김진태 검사의 『달을 듣는 강물』에는 천장암 행자시절의 또 다른 영험담이 전해지고 있다. 어느 날 수월 스님이 밤늦게까지 천수다라니를 외우면서 방아를 찧다가 고단한 나머지 돌확속에 머리를 박은 채 잠이 들었다. 천장암 주지 태허 스님이 때마침 밖에서 일을 보고 절에 들어오는 길에 물레방앗간 앞을 지나고 있었는데 이상한 생각이 들었다. 물레방앗간 물이 세차게 떨어지고 있건만 웬일인지 방앗공이 소리가 전혀 들리지 않는 게 아닌가? 더욱 놀란 것은 방앗공이가 허공에 매달려 있는데 수월 행자가 돌확 속에 머리를 박은 채 자고 있는 것이 아닌가? 깜짝 놀란 태허 스님이 재빨리 수월 행자를 끌어내자마자 방앗공이가 다시 방아를 찧기 시작했다. 천수다라니를 지송하여 번뇌 · 망상과 업장이 소멸된 수월 행자 위에서 물레방아 공이조차 멈추어 버린 것이다. 이 신기한 일을 겪고 나서 태허 스님은 수월 행자에게 사미계를 주었다.

사미계를 받은 해에 수월 스님은 이레 동안 용맹정진을 하였는데, 이 때에도 천수다라니를 끊임없이 외웠다고 한다. 이레 째 되던 날 밤, 사하촌 사람들은 천장암 근처에서 엄청난 불기둥이 일어나 산골짜기를 환히 밝히는 것을 목격했다. 천장암에 불이 난 줄 알고 달려온 마을 사람들은 그 불빛이 바로 수월 스님의 몸에서 나온 방광임을 알고 한없는 환희심을 느꼈다. 그 후로 스님은 한번 보거나 들은 것을 결코 잊지 않는 지혜인 불망념지(不忘念智)를 얻게 되었고 일생동안 잠을 자지 않게 되었으며, 사람들의 병을 고쳐주는 능력이 생겼다고 한다. 수월 스님은 33세 되던 해 겨울 동안 천수다라니 정진으로 마침내, 마음자리(心地)까지 깨닫고는 경허 선사의 법을 이었다.

뒷날 만공(滿空) 스님이 입산하고 혜월(慧月) 스님이 사미로 들어왔는데, 천장암에서 이렇게 만난 '경허의 세 달'은 "수월이 북쪽, 혜월이 남쪽, 만공이 가운데에 남기로 약속했다."고 한다. 경허 선사의 수제자인 수월 스님은 위의 법문담을 나눈 뒤에 자취를 감추었는데, 그 뒤 만공 스님과 다시는 만나지 못하였다.

위의 공안에서 수월 스님이 만공 스님에게 던진 질문은 "진실에 접촉해도 틀리고, 배반해도 잘못된 것[背觸公非]"이 되고 마는 진퇴양난의 공격이 아닐 수 없다. 숭늉 그릇이라고 하는 '이름과 모양(名相)'이란 올가미에 걸려들어 이러쿵 저러쿵 말하는 순간, 언어라는 흙덩이를 쫓는 개가 되고 만다. 언어와 생각을 떠나 막다른 골목에서 살아나는 방법은 과연 무엇일까.

선(禪)은 철저히 상대적 개념의 세계를 떠난 자리에서 모든 것을 보고 말하고 행동한다. 만공 스님 역시 이론이나 개념을 초월해, 자기와 숭늉 그릇이란 주·객을 모두 잊은 채 본래무일물(本來無一物)의 경지를 묵묵히 말없는 행동으로 보여줌으로써 같은 사자굴에 사는 사자 새끼임을 증명하였다.

이 공안은 물병을 발로 찬 선문답으로 대위산의 주인이 된 위산영우 선사의 법문답과 유사하다.

위산 스님은 처음 백장 스님 문하에서 전좌(典座)를 맡고 있었다. 백장은 대위산의 주인을 선출하려고 물병을 들고 땅위에 놓으면서 물었다.

"물병이라고 불러서는 안된다. 너희들은 무어라고 부르겠느냐?"

수좌가 말했다.

"장작이라 불러서는 안되지요."

백장이 이번에는 위산에게 물었다.

위산은 물병을 발로 차버리고 나갔다.

백장은 웃으면서 "수좌가 촌놈에게 졌다"고 말하며 위산을 개산조로 삼았던 것이다.

-『백장록』-

수월② _ 나는 그런 사람 모르오

만년에 갑산 웅이방 도하동에서 마을 훈장으로 살던 경허(1849~1912) 선사는 열반이 가까워 병이 들어 누워있었다. 수월 스님은 여기 저기 물어서 마침내 스승 경허가 있는 곳을 찾아왔다. 해질 무렵, 서당에 도착하여 섬돌 위에 가지런히 놓인 짚신을 보자, 그는 스승의 짚신임을 알아보고 뜨거운 눈물이 솟구쳐 올랐다.

이윽고, 수월 스님이 "스님, 안녕하십니까?" 하고 불렀다.

안에 있던 경허 선사가 문밖에서 자신을 부르는 제자의 목소리를 듣고 문을 열어주지 않은 채 정색을 하고 물었다.

"누구요?"

"수월입니다."

"나는 그런 사람 모르오. 사람을 잘못 찾은 듯 싶소. 그러니 가던 길이나 계속 가시오."

"스님!"

경허 선사는 끝내 문을 열어 주지 않았다.

스승의 뜻을 알아차린 수월 스님은, 그냥 나올 수는 없어 마을 사람 모습을 하고 병들어 누워 있는 스승을 위해 스승에게서 배운 짚신 삼는 기술을 발휘하여 정성껏 짚신 한 켤레를 삼아 댓돌위에 올리고 고마움을 표하며 서당을 나왔다.

치열한 보임공부를 통해 '진제와 속제가 원융무애(圓融無碍)한 둘 아닌 중도[眞俗二諦中道]'를 요달한 경허 선사는 말년에 머리를 기르고 선비의 옷차림으로 티끌세상에서 중생을 교화한 화광동진(和光同塵)의 삶을 살았다. 누구도 흉내내기 힘든 보살의 방편행으로 출가 수행자는 물론 서민과 아이들까지 불법으로 인도한 그의 삶은 더러운 진흙 속에 핀 연꽃처럼 진한 향기를 남기고 있다.

위의 문답은 천장암에서 주장자를 꺾어 던져버리고 '저 자거리에서 보살행을 하며 삶을 회향한[入廛垂手]' 경허 선사와 그의 맏상좌 수월 스님과의 최후의 문답이다. 머나먼 이별을 담담하게 맞이하는 사제지간의 슬프고도 아름다운 이별 장면이다. 이 선문답은 "그대는 누구입니까?"라는 양 무제의 질문에 "모른다[不識]"라고 대답하고, 사후에 짚신 한 짝을 남기고 인도로 돌아갔다는 달마 대사의 선화(禪話)를 떠올리게 하는 공안이다.

수제자인 수월 스님이 그토록 애타게 불렀건만, 경허 선사가 끝내 "모른다"고 한 뜻은 무엇이며, 수월 스님이 섬

돌 위에 짚신 한 켤레를 삼아 올린 뜻은 과연 무엇일까?

경허 선사가 "모르오"라고 한 것은 단순히 '모른다'는 의미가 아니다. 이것은 식·불식(識不識)의 대립을 끊고 그 분별의식을 초월한 '불식'이다. 언어나 문자로는 표현할 수 없는, 소위 언려불급(言慮不及) 언어도단(言語道斷)한 본래면목을 가리킨 말이다. 달마 대사가 "불식"이라고 한 것은 양 무제의 고정관념에 의한 성인과 범부, 유(有)와 무(無) 등의 대립적인 사고방식을 없애기 위하여 한 말이었다. 집착·분별에서 나오는 상대적 인식을 없애고, '경허'니 '수월'이니 하는 '이름과 모양(名相)'을 떠나야만 '모른다'고 대답한 달마와 경허 양 선사의 뜻을 알 수 있다. 경허 선사는 최후의 순간에도 제자에게 '불식'의 가르침을 전하며 "가던 길이나 계속 가시오"라고 옆·뒤 돌아보지 않는 철저한 보임공부를 당부하고 있는 것이다.

이러한 깊은 뜻을 알아차린 수월 스님은 더 이상 스승을 부르지 않고, 짚신 한 켤레를 정성껏 공양하며 스승의 마지막 길을 전송한다. 마치 달마 대사가 짚신 한 짝을 중국에 두고, 한 짝을 둘러맨 채 인도로 돌아갔듯이 말이다. 수월 스님은 스승과의 이러한 말없는 문답을 기억하며,

만주 송림산 화엄사에서 짚신을 머리 위에 이고 앉아 열반에 들었다. 스승의 마지막 가르침을 그는 평생 참구했던 것이다.

경허 선사와 이별한 수월 스님은 그후 두 해 남짓 스승 곁을 떠나지 않고 갑산에서 멀지 않은 회령, 경원, 명천 등지를 떠돌며 지냈다. 스승의 열반을 기다렸다가 만공, 혜월 등 덕숭문중 스님들에게 알려주기 위해서였다. 1913년 여름, 수월 스님은 뒤늦게나마 스승의 입적소식을 편지로 전한 후, 더욱 보임공부에 매진했다. 특히 70 내외의 늙은 나이로 여섯 해 동안 흑룡강성의 수분하(綏芬河)에서 젊은 승려 밑에서 온갖 욕설과 행패를 당해 가며 말없이 지냈다. 수월 스님은 우연히 머물게 된 독립군에게 헤어지던 날 6년간의 생활을 이렇게 말했다고 한다.

열심히 수행혀라. 이 공부하는 데는 다 쓸 데 없다. 오직 이 마음 하나 비우면 그만인겨. 세상에서 마음 비우는 일보담 더 어려운 게 없어. 또 참는 일보담 더 어려운 일도 없어.

-『달을 듣는 강물』-

사자는 사자를 낳는 법. 수월 스님은 중생 속에서 보살행을 하는 스승의 '이류중행(異類中行)'을 본받아 북간도에서 20여 년을 머무르며, 나라를 잃고 떠돌던 조선 민초들에게 짚신을 삼아주고 주먹밥을 만들어 주는 '요익중생(饒益衆生)'의 삶을 살았던 것이다.

수월③ _ 저 돌멩이가 무엇인가?

　1년 동안 만주 왕청의 토굴에서 수월 스님을 모시고 정진하던 청담(靑潭 · 1902~1911) 스님이 주먹밥과 짚신을 받아들고 수월 스님에게 마지막 절을 올렸다. 그러자 수월 스님은 갑자기 청담에게 곳간에 가서 괭이를 가져오라고 시켰다. 괭이를 가져오자 수월 스님은 바로 눈앞에 보이는, 마당에 박혀 있는 돌멩이를 가리키면서 이렇게 물었다.
　"저게 무엇인가?"
　"돌멩이입니다."
　청담의 말이 떨어지기가 무섭게 수월 스님은 괭이를 빼앗아 들더니 돌멩이를 확 쳐내 버리고, 뒤도 돌아보지 않은 채 들판으로 나갔다.

　청담 스님은 수월 스님에게서 받은 이 공안을 일생 동안 화두로 삼아 공부했다고 한다. 이 공안은 수월 스님이 청담에게 준 가르침이기에 앞서, 당신이 세상에 내어보인 마지막 법문이었다. 그로부터 한 해가 못 되어 수월 스님은 열반에 들었던 것이다.
　젊은 시절, 청담은 수월 스님을 친견하기 위해 만주 땅으로 구도 여행을 떠난 적이 있었다. 당시 수월 스님은 보임공부의 일환으로 짚신을 만들어 지나가는 사람들에게 나눠주는 보살행을 하고 있었다. 사람들은 소문을 듣고 신발이 떨어지면 수월 스님을 찾아가 짚신을 얻곤 했다. 스님은 농부나 독립군은 물론, 도둑이나 산적 등 신분을 가리지 않고 누구에게나 짚신을 나눠준 까닭이다.

당시, 만주의 마을에서 기르던 만주개는 몹시 사나웠다. 낯선 사람이 마을에 들어서면 떼로 달려들어 물어 죽일 정도였다. 그래서 밤길을 다니는 것은 금기였다. 하지만 수월 스님은 예외였다. 그가 나타나면 개 수십 마리가 무릎을 꿇고 반겼다. 까치, 꿩, 노루, 토끼 같은 산짐승, 날짐승도 모여들어 스님에게 응석을 부리는 듯 했다.

하루는 이런 광경을 본 청담 스님이 짐승들이 자기를 보고 도망가는 이유를 묻자, 수월 스님이 말했다.

"자네에게 아직 살생심이 남아 있어 그러는 것일세."

"스님, 어찌하여 살생심을 없앨 수 있습니까?"

"자비심을 기르게나."

"어찌 하면 자비심을 기를 수 있습니까?"

"자네와 (짐승이) 한 몸이라는 생각을 가지게."

이후 청담 스님은 누가 욕을 해도 미소를 짓는 자비·인욕(忍辱) 공부를 하여 '인욕보살'이란 별명까지 얻었다. 조계종 총무원장과 종정을 역임하면서도 늘 하심할 수 있었던 것은 수월 스님의 감화 때문이었으리라.

위의 공안에서 수월 스님은 청담에게 "돌멩이를 돌멩이라 부르지 말고 일러보라"는 화두를 던지고 있다. 하지만 청담은 그 질문이 공안인 줄 모르고 무심코 돌멩이라고 대답한다. 그러자 수월 스님은 돌멩이를 캐내어 던져버린다. 청담은 돌멩이를 마음으로 볼 줄 모르고 대상으로만 본 탓에 돌멩이란 말과 개념에 갇혀버린 셈이다. 수월 스님은 언어와 생각의 틀을 송두리째 뽑아 던져버리는 대기대용(大機大用)으로써, 먼 길 떠나는 젊은 수좌를 위해 마지막 공부거리를 제공한 것이다. 이런 노스님의 간절한 가르침 덕분에 청담 스님은 도(道)와 덕(德)을 갖춘 당대의 고승으로 이름을 떨치게 된다.

수월④ _ 남쪽에서 이와 같이 중생을 교화하라

수월 스님이 묘향산 보현사에서 조실로 주석하고 있을 때의 선화이다. 당시 묘향산 금선대에서는 20대의 철우(1895~1979) 수좌가 홀로 솔잎으로 연명하며 용맹정진을 거듭, 마침내 기나긴 꿈에서 깨어났다.

철우 수좌의 견성(見性)을 한눈에 알아본 수월 스님은 "이제 남쪽으로 내려가 납자를 제접하라"고 명했다.

드디어 묵언을 끝내고 입을 연 철우 수좌는 "남쪽에서 어떻게 중생을 교화하리이까?" 하고 물었다.

마침, 일주문 옆 감자밭에서 밭을 매고 있던 수월 스님은 호미를 들고 두 팔을 벌린 채 휙 돌고 춤을 추며 "여시여시(如是如是: 이렇게 이렇게) 하라"고 말했다.

그러자, 철우 수좌가 밭으로 들어가 수월 스님의 호미를 건네 받아 춤을 추며 "여시여시 하겠나이다"라고 화답했다.

수월 스님은 "다시는 의심하지 말라"며 깨달음을 인가했다. 경남 밀양에서 5남2녀 중 막내로 태어난 철우 수좌는 7살에 아버지를 잃었다. 13살에 어머니마저 세상을 떠나자 그

해 밀양 표충사로 출가했다. '도를 통하려면 참선을 해야 한다'는 소리를 들은 철우 수좌는 불과 15살에 수좌의 길로 들어섰다. 해인사 선방에서 한 철을 보내고 팔공산 현풍 유가사 도성암에 있을 때 함경도에서 참선하러 온 한 수좌의 입방이 '식량이 없다'는 이유로 거절당하는 것을 보고, 자기 한 입이라도 덜겠다며 솔잎가루 생식을 시작했다. 이로부터 10년간 생식과 함께 묵언(默言)을 하니, 그는 묵언수좌 또는 생식수좌로 불리기도 했다. 태백산 각화사 동암으로 자리를 옮긴 철우 수좌는 뾰족한 철사를 엮은 모자를 만들어 쓰고, 이를 줄로 시렁과 연결했다. 잠을 쫓기 위해 졸면 이마가 철사에 찔려 피투성이가 되는 이런 고행을 감행한 것이다.

그러다 홀연히 안목이 트이니 불과 18살이었다. 제방의 선방을 다니는 도중 그는 동굴에서 머물며 정진하기도 했다. 어느 해 한겨울 구미 금오산을 지나던 철우 수좌는 마애석불 옆 용샘굴에서 1주일 동안 머물렀다. 밖에 눈이 하얗게 쌓인 날 그가 추위를 잊은 채 선정에 빠져있는데, 갑자기 등에 따스함이 느껴졌다. 가만히 눈을 떠보니, 그의 등에 기대 앉은 호랑이의 꼬리가 무릎 앞에 놓여 있었고, 그가 인기척을 하니 호랑이는 살짝 일어서 자리를 떴다고 한다.

당당한 사자 새끼가 된 철우 수좌가 남하해 경허 스님의 제자인 혜월 스님을 찾아가자 스님 역시, 단번에 그를 인가하고 법제자로 삼았다. 이후 철우 스님은 불과 27세의 나이에 통영 용화사 도솔암과 대구 동화사 금당, 파계사 성전암, 금강산 마하연, 순천 선암사 칠전선원 등에서 '소년 조실'로 불리우며 사자후를 토했다. 그러나 그는 스승인 수월과 혜월 스님처럼 직접 호미를 들고 밭을 매고 빨래를 하며 '평상심이 도[平常心是道]'인 삶을 살았다. 평생 묵묵히 보임공부로 일생을 마쳤으니, 깨달음의 빛을 숨긴 도인의 삶이 두 스승과 다름 없었다.

위 선문답에서 수월 스님은 철우 스님에게 견성 이후의 보임공부인 불행(佛行)수행을 당부하고 있다. 수행자가 '본래 부처'임을 자각했으니, 이제는 당당한 부처 아들로서 '부처 노릇' 하며 중생을 이익되게 하라는 가르침이다.

수월 스님이 호미를 든 행위는 평상시에 밭 갈듯이 일과 오후(悟後)수행이 둘 아닌 평상심으로 보살행을 실천하라는 뜻을 담고 있다. 또 두 팔을 벌리고 춤을 춘 것은 동체대비(同體大悲)의 정신으로 중생의 모든 고뇌와 아픔을 받아들여 동사섭(同事攝)을 행하는 즐거움을 표현한 것이다.

'동사섭'이란 불·보살이 중생의 근기에 따라 몸을 나타내되, 그들과 생업과 이익, 고락(苦樂), 화복(禍福)을 함께 하면서 진리의 길로 이끌어 들이는 보살행을 말한다. 이는 중생 속으로 들어가 소나 말처럼 헌신하는 '이류중행(異類中行)', 자비의 손을 드리우며 세속의 시장거리로 들어가는 '입전수수(入廛垂手)'와 같은 불행수행을 의미한다.

제자를 떠나보내는 수월 스님이 "다시는 (깨달음을) 의심하지 말라"고 당부한 것은 깨달음에 별달리 기특한 것이 없으며, 다만 본래 부처로서 부처행을 하고 사는 것이 '평상심시도'의 정수임을 강조한 것이리라.

깨달음은 마른 하늘에 구름을 부르고 비를 내리게 하는 '호풍환우(呼風喚雨)'의 신통함에 있는 것이 아니라, 목마른 사람에게 물을 주고 배고픈 사람에게 밥을 주는 평상의 생활 가운데 있다. 수월 스님이 평생 짚신을 삼아 가난한 사람들에게 나눠주고, 혜월 스님이 직접 땅을 개간하며 농선병행(農禪竝行)의 가풍을 보여준 것이 바로 그러한 삶이었다. 두 스승이 온 몸으로 보여준 가르침에 따라 철우 스님은 남모르게 스님과 속인들을 도우며 화광동진(和光同塵)의 삶을 회향하게 된다.

만공선사

03 만공 선사

만공월면(滿空月面) 선사 행장

만공(1871~1946) 선사는 근대 한국 선의 중흥조인 경허 선사의 제자로 조계종을 이끌 무수한 선사들을 양성한 선지식이다. 스님의 속명은 도암(道巖), 법호는 만공(滿空), 법명은 월면(月面)이다. 전라북도 태인에서 부친 송신통과 모친 김씨 사이에서 태어났다.

1883년 13세 되던 해 김제 금산사에서 불상을 처음 보고 크게 감동해 공주 동학사로 출가하여 진암(眞巖) 스님 문하에서 행자생활을 하다가, 이듬해 경허 스님을 따라 서산 천장사로 와서 태허 스님을 은사로, 경허 스님을 계사로 사미계를 받았다.

그 뒤 스님은 '모든 법이 하나로 돌아가니 하나는 어디로 돌아가는가[萬法歸一 一歸何處]?'라는 화두를 들고 참선에 열중하였다. 1895년 아산 봉곡사에서 새벽에 범종을 치면서 "법계의 본성을 관찰하라. 모든 것은 오직 마음이 만드는 것이다[應觀法界性 一切唯心造]"라는 게송을 읊다가 홀연 깨달았다. 그 후 공주 마곡사 토굴에서 계속 수도하다가 경허 선사로부터 "아직 진면목(眞面目)에 깊이 들어가지 못하였으니 조주의 무자(無字) 화두를 가지고 다시 참선하라"는 가르침을 받고 정진하였다.

스님은 1901년 경허 선사와 헤어져 양산 통도사의 백운암에 들러 며칠 머무르는 동안, 새벽에 "원컨대 이 종소리가 법계에 두루 퍼져 철벽의 어둠이 모두 밝게 하소서[願此鐘聲遍法界 鐵圍幽闇悉皆明]"라는 게송을 읊으면서 범종을 치는 소리를 듣고 크게 깨달았다. 1904년 함경북도 갑산으로 가던 길에 천장사에 들른 경허 선사로부터 전법게를 받은 스님은 덕숭산에 와서 금선대를 짓고 수 년동안 정진하면서 전국에서 모여든 수행자를 제접하며, 수덕사, 정혜사, 견성암을 중창하고 많은 사부대중을 거느리며 선풍을 드날렸다.

스님은 일제강점기 선학원의 설립과 선승들의 경제적 자립을 위한 선우공제회운동(禪友共濟會運動)을 주도했으며, 조선총독부가 개최한 31본산 주지회의에 참석해 미나미(南次郎) 총독에게 직접 일본의 한국불교정책을 힐책하였다. 이는 일제치하의 치욕스러운 불교정책을 쇄신하는 계기가 되었으며, 생사의 두려움을 초탈한 선사의 면모를 드러낸 것이다.

제자들에게는 항상 무자 화두를 참구하도록 가르쳤던 스님은 말년에 덕숭산 정상 부근에 전월사라는 초가집을 짓고 지내다가 1946년 10월 20일 입적했다. 세랍 75세, 법랍 62세였다.

그 뒤 제자들이 정혜사 아래에 만공탑을 세우고 진영(眞影)을 경허, 혜월 스님과 함께 금선대에 봉안하였다. 스님이 형성한 덕숭문중에는 비구 보월(寶月). 용음(龍吟), 고봉(高峰), 서경(西耕), 혜암(惠庵), 전강(田岡), 금오(金烏), 춘성(春城), 벽초(碧超), 원담(圓潭) 등과 비구니 법희(法喜), 만성(萬性), 일엽(一葉) 등 한국을 대표하는 많은 선승들이 배출되었다.

만공① _ 불법은 네 눈앞에 있다

어떤 학인이 만공 선사에게 물었다.

"불법(佛法)이 어디에 있습니까?"

"네 눈앞에 있느니라."

"눈앞에 있다면 왜 저에게는 보이지 않습니까?"

"너에게는 너라는 것이 있기 때문에 보이지 않느니라."

"스님께서는 보셨습니까?"

"너만 있어도 안 보이는데 나까지 있다면 더욱 보지 못하느니라."

"나도 없고 스님도 없으면 볼 수 있겠습니까?"

이에 선사가 말했다.

"나도 없고 너도 없는데 보려고 하는 자는 누구냐?"

진리는 항상 눈앞에 있다. 불법은 지금 코앞에 있다. 그것은 언제나 없는 곳이 없다. 선사들은 마음의 눈이 열리면 눈에 가득한 그대로가 극락이라고 말한다. 천태덕소 스님은 "마음 밖에는 법이 없으니[心外無法], 눈에 가득 온통 푸른 산이네[滿目靑山]"라고 노래하기도 했다. '촉목보리(觸目菩提: 눈에 보이는 그대로가 깨달음)', '촉사이

진(觸事而眞: 손에 닿는 것 그대로가 진실)', '도무소부재(道無所不在: 도가 없는 곳이 없다)'라는 말들이 이런 진실을 직접적으로 표현하고 있다. 그래서 마음의 눈을 뜬 만공 스님 역시 '불법이 네 눈앞에 있다'고 일깨우고 있는 것이다.

촉목보리의 도리를 깨달으면 사바세계에서도 극락의 삶을 보고 즐길 것이요, 깨닫지 못한다면 눈앞에 있어도 보지 못하는 눈뜬 장님으로 평생 캄캄한 삶을 살 수 밖에 없다. 만공 스님은 불법이 눈 앞에 있어도 보지 못하는 것은 '나(我)라는 것이 있기 때문이다'고 일러주고 있다. 태어나서 지금까지 '나'라고 애지중지하며 사랑해 온 몸과 마음에 대한 집착인 아집(我執)과 아상(我相)으로 인해 진리를 깨닫지 못한다는 가르침이다. 더구나 이 '나'에 대한 집착에다 '너'를 포함한 객관적 사물과 현상을 실재하는 것으로 알고 집착하는 법집(法執)까지 버리지 못한다면 어떻게 진리를 깨달을 수 있겠는가.

숭산 스님은 '보는 자가 여래다(卽見如來)'라는 주제의 법문에서 이런 힌트를 주고 있다.

만약 당신이 모든 것을 내려놓고 공허한(텅빈) 마음을 유지하면 볼 때, 들을 때, 냄새맡을 때, 맛볼 때, 만질 때, 너와 모든 것은 결코 분리되지 않는다. 만물은 언제나 하나이다. 하늘을 볼 때 하늘과 하나이다. 설탕을 맛볼 때 설탕과 하나이다. 소가 '음메' 하고 하면 바로 그 때 소와 하나이다.

-『선의 나침반』-

숭산 스님은 본성(本性)을 깨닫는 길은 모든 것을 놓아 버리는 것, '나'를 만들지 않는 것이라고 강조하고 있는 것이다.

그렇다면 나도 없고, 너도 없으면 볼 수 있을까? 나도 없고 너도 없는데 보려고 하는 자는 과연 누구일까? "한 생각을 일으켜 자기를 찾으면 곳곳에서 그르칠 것이다"는 고인들의 말이 있다. 보려면 순간에 볼 것이요, 한 순간이라도 머뭇거리면 어긋나고 만다는 것이다. 만공 스님 입적 후에 문도회에서 출간한 법어집 제목이『보려고 하는 자가 누구냐』인 것이 결코 우연이 아닌 듯 하다.

『전등록』에 나오는 다음 문답을 참고해 보자.

어떤 선객이 현사사비 선사에게 물었다.

"어떤 것이 학인의 자기입니까[如何是學人自己]?"

선사가 말했다.

"자리를 찾아 무엇하게[用自己作麼]."

찾지 않으면 자기 아닌 것이 없다. 물속에서 물을 찾고, 소를 타고 소를 찾는 것이 범부의 수행이다. 그러나 눈밝은 대장부는 한 순간에 이러한 도리를 깨닫고 '보는 자' 자체가 된다. 눈은 스스로 눈을 볼 수 없다. 시방세계가 하나의 눈이 되어야 하는 이치가 바로 그것이다. 보는 순간, 보는 놈과 보이는 대상이 하나 되면 눈에 보이는 그대로가 보리임을 자각하게 된다.

만공② _ 적멸궁은 내 콧구멍 속에 있느니라

어느 해 가야산 해인사에서 만공(滿空;1871~1946) 선사에게 가르침을 청하는 편지가 왔는데, 내용은 이랬다.

"시방세계가 적멸궁(寂滅宮) 속에 건립되었다 하는데, 그 적멸궁은 어느 곳에 건립되었습니까?"

만공 선사가 답했다.

"시방세계는 적멸궁에 건립되었으나, 적멸궁은 나의 콧구멍 속에 있느니라."

다시 편지가 왔다.

"적멸궁은 선사의 콧구멍 속에 건립되었거니와, 선사의 콧구멍은 어느 곳에 건립되었나이까? 저희들을 그곳으로 인도해 주십시오."

만공 선사가 답했다.

"일찍이 가야산엔 적멸궁만 있다더니, 오늘에 와서 다시 보니 과연 그렇구나."

'적멸한 궁전[寂滅宮]'이란 미혹(迷惑)과 집착을 끊고 일체의 속박에서 해탈한 최고의 경지, 즉 모든 번뇌와 고뇌가 소멸된 열반의 경지를 뜻한다. 그리고 '콧구멍[鼻

孔]'이란 말은 불성, 본래면목(本來面目), 본분(本分), 본각(本覺)을 상징한다. 태아가 어머니의 뱃속에서 생겨날 때 코가 먼저 생기며, 오관 중에서도 콧구멍이 먼저 뚫린다고 본 데서 유래했다.

해인사 수좌의 질문에 만공 선사는 시방세계가 적멸궁에 건립되었으며, 적멸궁은 다시 당신의 본래면목에 있다고 밝히고 있다. 각자의 콧구멍 즉, 진여자성(眞如自性)에서 미혹과 깨달음, 중생과 부처, 번뇌와 보리, 주체와 객체 등 일체 만법이 건립되었다는 뜻이다.

그렇다면 콧구멍, 즉 본래면목은 다시 어느 곳에 건립되었을까?

이는 '만법귀일 일귀하처(萬法歸一 一歸何處)' 공안과 같은 의미를 내포하고 있다.

한 스님이 조주(778~897) 스님에게 물었다.

"우주의 모든 것이 하나로 돌아간다고 합니다만, 그럼 그 하나는 어디로 돌아갑니까?"

조주 스님이 답했다.

"나는 청주에 있을 때 베 적삼 하나를 만들었는데, 그 무게가 일곱

근이었지."

-『조주록』-

　이와 관련, 만공 스님은 "가야산에 적멸궁만 있다"라는 대답을 통해, 진여자성(하나)이 가야산이란 적멸궁 즉, '만법'에 있다고 밝히고 있는 것이다.
　여기서 말하는 하나(一)는 진여인 마음의 본체를 가리킨다. 만법은 일심(一心)의 인식과 판단으로 성립되는 심법(心法)이기에, 만법은 근원적인 깨달음의 경지인 일심으로 되돌아가고, 일심은 다시 만법으로 펼쳐진다. 이는 『화엄경』등 대승경전의 "삼계는 오직 마음[三界唯一心]이며, 마음 밖에 별다른 법이 없다[心外無別法]", "일체의 모든 것은 마음이 지은 것이다[一切唯心造]", "만법은 일심이며 일심이 만법이다"는 가르침과 맥을 같이 한다. 즉 만법이 바로 심법인 것이다.
　이와 관련 승조 법사는 『조론』에서 "지인(至人)의 마음은 텅 비고 환하여 형상이 없다. 그리하여 내가 짓지 않은 만물이란 없다[萬物無非我造]. 만물과 화합함으로써 자기를 이룬 자는 성인일 뿐이다"고 하였다. 그는 또 "사람들의 허망한 마음의 미혹함이 오래 되어 눈으로 진상의 도를 마주하면서도 깨달을 수 없다[目對眞而莫覺]"고 한탄하였다. 『조론』을 해설한 감산 선사는 "만일 삼계의 만법이 마음에서 나타난 것일 뿐임을 요달할 수만 있다면 만법마다 모두가 자기에게로 귀납된다. 이를 성인이 열반을 증득했다고 부른다"라고 하였다.

만법을 버리고 열반을 찾거나, 본래면목을 찾는 것은 연목구어(緣木求魚)와 같은 어리석은 짓이다. 감산 선사의 '만법 그대로가 하나의 진여[萬法一眞]'라고 한 가르침을 깊이 새기면서, 이 공안을 참구해 보자.

만공③ _ 매미 소리로 안목을 가리다

대중이 수박 공양을 할 때였다. 만공 선사가 나뭇가지에서 우는 매미 소리를 듣고 말했다.

"매미를 가장 빨리 잡아 오는 사람에게는 수박 값을 받지 않겠지만 못 잡아 오면 동전 서 푼씩 받아야겠다."

이 말에 대중 스님들은 한마디씩 했다.

어떤 스님은 매미 잡는 시늉을 하였고, 어떤 스님은 매미 우는 소리를 내었다. 어떤 이는 할을 하였고, 어떤 이는 주먹을 들어보이는가 하면, 또 어떤 이는 스님의 등을 탁 때리고 말하기를, "매미를 잡아왔습니다" 하니, 스님이 말하기를, "모두 돈 서 푼 내라" 하였다.

이때 금봉(錦峰) 스님이 나와서 둥근 원을 그려 놓고 말했다.

"상(相) 가운데는 부처가 없고, 부처 가운데는 상이 없습니다" 라고 했다. 그러나 스님은 "금봉 자네도 서 푼 내게" 하였다.

마침 보월(寶月) 스님이 들어오자 만공 선사가 말했다.

"자네는 어떻게 하겠는가?"

보월 스님이 즉시 주머니 끈을 풀고 돈 서 푼을 꺼내 스님에게 보였다. 그러자 선사가 웃으며 말했다.

"자네가 내 뜻을 알았네."

수덕사 초대 방장을 지닌 혜암 스님은 벽초 스님에게서 이 법문을 듣고 "보월 스님이 돈 서너 푼을 꺼내어 보이신 데 그친 것은 '함정미토(숨情未吐)라', 즉 뜻은 있어도 드러내지 못함이로다"라고 평한 바 있다. 혜암 스님은 이어 당신의 안목을 이렇게 드러냈다.

"'시자야, 수박 사다 조실 스님께 올려라'라고 말씀을 하였어야 했을 것인데 그 말이 없었고, 또 만공 조실스님께서도 반드시 보월 스님에게 대하여 '함정미토로다'라고 한 말씀 있었어야 했을 것인데 그 말씀이 없었으니, 조실 스님도 보월 스님과 꼭 같이 함정미토가 아니 되었다고 볼 수 있겠는가? 그러나, 보월 스님이 그 돈을 꺼냈을 때는 그 뜻이 서로 통했기 때문에 만공 스님께서 '내 뜻을 알았다'라고 말씀하신 것이 아니겠는가? 만일 내가 그 자리에 있었으면 '조실 스님께서는 어느 곳에서 매미 우는 것을 보셨습니까? 그 매미 우는 것을 보신 곳을 말씀해 주시면 수박을 깎아 올릴 것이고, 만일 매미 운 것을 보신 곳을 말씀하지 아니하시면 수박이 곁에 있더라도 깎아 올리지를 못하겠습니다'라고 대답하였을 것이다. 그리고, 다시 만공 선사께 묻기를 '어느 곳에서 매미 우는 것을 보셨습니까?' 이와 같이 반문하였을 것이다."

　한 여름의 저 시끄러운 매미 소리나 시원스레 흐르는 개울의 물 소리를 가져올 수 있는 사람이 과연 누가 있겠는가. 아무리 얻으려 해도 얻을 수 없고, 볼래야 볼 수도, 만질래야 만질 수도, 얻어도 얻은 바가 없는 것이기에 조실스님께 돈을 바칠 수 밖에 없을 것이다. 매미 소리, 개울 물 소리는 물론이요 우리가 경험하는 '온갖 법의 실상(諸法實相)'은 일정하게 고정되어 있는 영원불변한 것이 아니며, 얻으려고 해도 얻을 수가 없다. 그래서 『금강경』은 '실상은 무상(實相無相: 실상은 모양이 없다)'이기에 무유정법(無有定法)이요 무소득법(無所得法)이라고 하였다.

　이 선문답에서 '매미 소리'는 실상인 동시에 무상(無相)이다. 우리 본래마음이 투영된 것이다. 존재하는 것 같지만 꿈같이, 환상같이, 아지랭이 같이, 번개같이 일순간만 존재하는 듯이 느껴지는 '토끼 뿔'이요 '거북 털'이다. 그러니 어느 누가 그것을 잡아올 수 있겠는가.

만공④ _ 그물 뚫고 나온 물고기

어느 해 여름, 만공 선사가 참선하는 스님들을 칭찬한 뒤 말했다.

"내가 홀로 하는 일 없이 그물을 하나 쳤더니 그물 속에 한 마리 고기가 걸려들었다. 어떻게 해야 이 고기를 구해낼 수 있겠는가?"

한 스님이 일어나더니 오므리고 입을 고기 입처럼 들먹거렸다.

이때 선사가 무릎을 치며 말했다.

"옳다, 또 한 마리 걸려들었다."

임제 선사의 제자인 삼성 선사가 임제화상을 하직하고 남방에 이르러 설봉 화상을 찾아가 "그물을 뚫고 나온 황금 잉어는 무엇을 먹이로 해서 낚아야 합니까?" 하니, 설봉 화상은 "그대가 그물을 뚫고 나올 때 말해 주리라"라고 대답한 문답이 『벽암록』 49칙에 보인다.

이 문답에서 그물은 오욕과 탐착, 언어문자에 대한 집착, 편견과 착각, 깨달음에 집착한 중생의 마음병을 말한다. 그물을 뚫고 나온 '황금 잉어[金鱗]'는 뛰어난 선기와 안목을 갖춘 대자유인을 상징한다. 즉 불법이나 계율, 규칙, 깨달음의 틀까지 완전히 초월한 자유자재한 사람을 의

미한다.

　삼성 선사가 '자신은 일체의 그물을 초월한 황금빛 물고기인데, 나와 같은 선승을 어떻게 제접하겠습니까?' 라고 질문하자, 설봉 화상은 "그대가 그물을 빠져나오거든 말해주겠다"라고 가볍게 응수하고 있다. 삼성 선사는 그물을 뚫고 나왔다고 주장하는데, 설봉 화상은 오히려 그물을 뚫고 나오라고 말하고 있다. 설봉 화상의 입장에서 보면 자신이 그물을 뚫고 나왔다고 주장하는 자는 진짜 그물을 뚫고 나온 수행자가 아니다. '뚫고 나왔다'는 그 생각(그물)에 걸려있는 자라고 판단한 것이다.

　이와 마찬가지로 만공 스님이 친 그물에서 빠져나왔다고 입을 고기처럼 오므리며 거량하는 수좌 역시 아직 그물 안에 있는 가련한 물고기일 뿐이다. 진실로 일체의 속박으로부터 해탈한 자유인이 되기 위해서는 아상(我相)과 법상(法相)을 내려놓고, 내려놓았다는 그 생각마저 없는 무심도인이 되어야만 한다. 즉 일체의 경계로부터 자유로운 황금 물고기는 자기와 만법과 하나되어 스스로 만법일여(萬法一如), 만물일체(萬物一體)의 경지를 체득해야 한다. 주객(主客)의 상대적인 차별심이 없어진 허공과 같이 텅 비운 마음이라야 삼라만상의 일체 만물을 포용하게 된다. 이러한 경지는 말이나 생각이 아닌, 실제로 황금 물고기가 되어 자유롭게 유영(遊泳)하는 입장이 되어보는 수밖에 없다.

만공⑤ _ 원상 법문

석두(石頭) 스님이 바닥에 동그라미를 그려 놓고 만공 선사에게 말했다.
"천하 납승(衲僧)이 무엇 때문에 이 가운데 들어가지 못합니까?"
만공 선사가 말했다.
"천하 납승이 무엇 때문에 이 속에서 나가지 못하는가?"

부처니 중생이니, 번뇌니 보리니, 생사니 해탈이니 하는 것은 사실 꿈속에서 하는 말이다. 누구나 근본 바탕은 본래부터 그대로 깨달음[覺性]인 것이다. 그러므로 본각(本覺)이라 하는데, 일원상(一圓相) 즉, '○'은 이것을 상징한 것이다.

일원상이란 하나의 원형인데 그것은 이지러짐도 없고 남는 곳도 없으며 완전하여 원만한 의미를 나타낸다. 우주 만상의 본체이자·근원을 가리키는 일원상은 원만무결하여 위대한 작용을 갖추고 있는 본래면목을 원(圓)으로 표현한 것이다. 마음·진리·도(道)라 하여 억지로 이름을 붙였으나 어떤 이름으로도 맞지 않고 무슨 방법으로도 그

참모양을 바로 그려 말할 수 없다. 그것이 무한한 공간에 가득 차서 안과 밖이 없으며, 무궁한 시간에 사뭇 뻗쳐 고금(古今)과 시종(始終)도 없다. 또한 크다 작다 많다 적다 높다 낮다 시비를 할 수 없으며, 거짓이라 참이라 망령되다 거룩하다 하는 온갖 차별을 붙일 길이 없으므로, 어쩔 수 없이 한 둥그러미로써 그것을 나타낸 것이다.

3조 승찬 선사가 『신심명』에서 "원만하기는 태허(太虛)와 같으며 부족하지도 않고, 남지도 않는다[圓同太虛 無欠無餘]"고 한 것은 원상의 의미를 나타낸 것이다. 원상에 관한 설명은 승찬 선사가 처음 했으며, 이것을 일원상으로 그린 선사는 남양혜충 국사였다. 혜충 국사는 원상을 아흔일곱 가지 그림으로써 가르쳐 보이기도 했었다. 그러나 아무리 애써 보아도 그 전체를 바로 가르칠 수는 도저히 불가능하기 때문에, 이것을 가르치려고 한다면 "입을 열기 전에 벌써 그르쳤다[未開口錯]"고 하는 것이며, 또한 "알거나 알지 못한 데에 있지 않다[道不屬知不知]"고 하는 것이다.

깨쳐서 부처가 된다고 하지만 깨쳐서 얻은 바가 있다면 부처가 될 수 없다. 그러므로 "석가여래도 몰랐고 모든 조사들도 그 법을 정하거나 받지 못한다"고 한 것이다. 이것이 아는 것이나 알지 못하는 것에서 다 초월했다는 뜻이다. 불교의 구경 목적은 누구나 다 부처가 되고, 그 부처로부터도 초월해야 한다. 따라서 이 "일원상의 이치를 분명히 깨달으면 팔만대장경이나 모든 성인이 무슨 소용이 있겠는가?" 한 것이다.

선사들은 제자를 제접하거나 인도하여 법어를 내리거나 하는 경우에 종종 손가락이나 불자(拂子), 주장자 등으로 공간이나 대지에 일원상을 그리거나 혹은 붓으로 묵서(墨書)를 그리는데 이것은 불심·불성·진여·대도 등의 근본뜻을 표시하는 동작이다. 선승은 자주 묵흔(墨痕)이 선명하게 일원상을 그려서 거기에 착어(著語: 짧은 평)를 붙이거나 혹은 일원상이라는 세 글자를 써넣는다. 그것은 단순한 원이 아니라 진리를 단적으로 드러낸 것이다.

이러한 원상(圓相) 법문은 중국과 한국의 선문답에 자주 등장한다. 근·현대 고승으로서 쌍벽을 이룬 전강-경봉 스님의 법문답이 대표적인 예다.

경봉스님이 깨달음을 얻고 법광(法光)이 일어나 선악을 초월한 자리에서 음담패설을 가리지 않고 법문할 때의 일화다.

 전강 스님이 경봉 스님 앞에서 원상을 딱 그려 놓고 "입야타 불입야타(入也打 不入也打: 들어가도 치고, 들어가지 아니해도 친다)"고 말하니, 경봉 스님이 손으로 땅에 그린 원상을 뭉개버렸다.

 그러자 전강 스님이 크게 고함을 지르며 "네 송장 치워라"라고 했다.

 여기에서 경봉 스님은 기상이 달라져 무릎을 치면서 "옳다. 다시 물어라"하고 말했다.

 전강 스님이 경봉 스님을 골짜기로 끌고 가니, 대중이 따라 나섰다. 그러자 전강 스님이 대중에게 "여기서부터는 따라오면 안된다"면서 못 오게 막았다. 그리고 경봉 스님과 단 둘이서 물으니, 여지없이 일러줬다.

 이 때부터 경봉 스님의 법광이 일시에 싹 없어졌으며, 여법한 오후(悟後)수행을 계속하다가 통도사 조실에 추대되었다. 전강 스님과 경봉 스님이 단 둘이서 주고 받은 선문답의 내용은 과연 무엇일까? 이것이 참으로 궁금한 독자는 화두로 참구해 보시길 바란다.

만공⑥ _ 미나미 총독에게 내린 사자후

만공 스님이 마곡사 주지로 있었던 1937년 3월 11일, 총독부는 전국 31본산 주지와 도지사를 모아 본산주지회의(本山住持會議)를 열었다. 일인들이 강제적으로 사찰령(寺刹令)을 심의 통과시키기 위해 헌병대를 회의장에 배치하는 등 공포분위기가 극에 달했다.

미나미 총독이 전임총독인 데라우찌 총독에 대한 찬사를 하며 일본불교와 조선불교의 합병에 대한 당위성을 늘어놓는 중인데, 만공 스님이 벌떡 일어나, "청정 본연한데, 어찌하여 산하대지가 생겨나 왔는가? 전 총독 데라우찌야말로 우리 조선불교를 망쳐놓은 사람이다. 계율을 어기고 대처토록 한 장본인으로 무간지옥에 떨어져 큰 고통을 받을 것이다. 정치와 종교는 분리되어야 한다. 정부가 불교를 간섭하지 않을 때 조선불교가 진흥할 수 있을 것이다"라고 하며 유유히 회의실을 박차고 나왔다.

이 청천벽력 같은 만공 스님의 일할(一喝)에 일인(日人) 학무국장(學務局長)의 얼굴은 창백하다 못해 사색으로 변했고, 31본산 주지들도 두려움과 부끄러움을 감추지 못했다.

이날 밤 만공 스님이 서울 안국동 선학원에 가자 만해 한용운 스님은 기뻐서 맨발로 뛰쳐나오며 "사자후에 여우 새끼들의 간담이 서늘

하였겠소. 할(喝)도 좋지만 한 방(棒)을 먹였더라면 더 좋지 않았겠소?" 했다.

이에 만공 스님은 크게 웃으며 대꾸했다.

"차나 한잔 드세, 어리석은 곰은 방망이를 쓰지만 영리한 사자는 할을 쓰느니."

만해 스님 역시 즉각 이렇게 응대하였다.

"새끼 사자는 호령을 하지만 큰 사자는 그림자만 보이는 법이지…".

두 고승은 호탕하게 껄껄껄 웃었다.

그 이튿날이었다. 사간동 포교당의 신도들이 만공 스님을 청함에, 법상에 올라 설법을 하게 되었다. 그때 대중 가운데 무엄한 자가 있어 가만히 법상 뒤로 돌아가서 법상을 번쩍 들어 메쳐, 스님을 땅에 떨어져 구르게 하였다.

그러나, 스님은 조금도 변색하는 일이 없이 적연부동(寂然不動)하고, 태연자약(泰然自若)하여 묵묵히 앉아 양구(良久)하고 조용히 일러 말하였다.

"너는 어찌 다만 법상을 밀어 거꾸러뜨릴 줄만 알고, 붙들어 일으킬 줄을 모르느냐? 매듭만 짓고 풀 줄을 모르니 과연 용두사미(龍頭蛇尾)로구나."

이렇게 말하고 일어나니, 이런 일이 있은 후로부터 스님의 명성이 일국에 충만하게 되었다.

　일제강점기에, 더구나 총독 앞에서 나온 생사를 뛰어넘은 만공 스님의 이 대담무쌍한 발언이 전국에 퍼지자 수많은 스님과 우국지사들은 박수갈채를 보냈음은 물론이다.
　위 일화에는 만공 스님과 절친한 도반이었던 만해 스님이 등장하는데, 어느 누가 새끼 사자인지, 어른 사자인지는 중요하지 않다. 당대 두 고승의 막힘없는 법거량과 조선 불교의 현실에서 지금 여기의 삶을 되돌아 보면 되는 것이다.
　만해 스님이 열반에 든 뒤로는 아예 서울에 오지 않았다는 만공 스님은 늘 "우리나라에는 사람이 귀한데 꼭 하나와 반이 있다. 그 하나가 만해 한용운이었다"라고 했을 정도를 만해 스님을 아꼈다. 만공 스님이 존경할 정도로 만해 스님 역시 사자와 같은 기상을 보여준 비슷한 일화가 있다.
　만해 스님이 어느 날 31본산 주지회의가 요청을 해 강연을 간 적이 있었다. 그 자리에서 만해 스님은 "세상에서 제일 더러운 것이 무엇인지 아십니까?"하고 묻고는, "제일 더러운 것을 똥이라 하겠지요. 그런데 내 경험으로는 송장 썩는 것이 똥보다 더 더럽더군요. 그런데 송장보다도 더 더러운 것이 있으니 그것이 무엇인지 아십니까?"하고 다시 물었다. "그건 31본산 주지 네놈들이다!" 하고는 자리를 박차고 나와 버렸던 것이다.

만공 스님은 1871년 3월 7일 전라북도 태안군 태인읍 상일리에서 태어났으며, 만해 스님은 1879년 8월 29일 충청남도 홍성군 결성면 성곡리에서 태어났다. 나이 차이는 만공 스님이 만해 스님보다 8살 위였으나 서로 아끼고 격의없이 지낸 사이였다. 물론 서로 동지이며 도반이었지만 실천 방법에서는 차이가 있었다. 만공 스님은 현실 정토의 근원으로서 참선을 통한 '마음 정토[心淸淨]'를 중시한데 비해, 만해 스님은 현실에 적극 참여하고 실천함으로써 '현실 정토[國土淸淨]'를 이루고자 하였다. '심청정'과 '국토청정'이 본래 둘이 아니기에 뜻은 같았지만, 방법론이 달랐을 뿐이었다.

만해 스님은 독립운동가이자 불교개혁가로 알려져 있지만, 30세 이후 오도(悟道) 체험을 한 후 높은 선적인 안목을 가졌던 것으로 밝혀지고 있다. 만공 스님이 스승인 경허 스님의 법어집을 출간하려고 만해 스님이 몸담았던 출판사인 '불교사'에 찾아와 원고를 맡기면서 교열과 서문까지 부탁한 사례를 미뤄봐도, 만해 스님의 선적인 안목을 짐작할 수 있다.

실제로 만해 스님의 '대중불교'관은 생활속에서 선을 지향하는 '활선(活禪)'론에 닿아있다. 스님이 생전에 "선학자가 선을 수학할 때 반드시 산간 암혈을 고집할 이유는 없다. 참선이란 글을 배우면서, 농사를 하면서 그밖에 모든 업(業)을 하면서도 할 수 있는 것"이라고 주장한 내용도 활선론과 맞물린다. '조선불교의 개혁안'에서 만해 스님은 "불교의 대상은 물론 일체중생이다. 연(蓮)이 진흙에 물들지 않듯이 불교는 염세적으로 고립독행(孤立獨行)하는 것이 아니오, 구세적(救世的) 입니입수(入泥入水)하는 것"이라고 밝혀, 유마 거사의 불이선(不二禪)을 실천하였음을 엿볼 수 있다.

만공⑦ _ 풀 한 줄기로 지은 절

한번은 만공 스님이 효봉 선사에게 물었다.

"부처님께서 대중과 함께 길을 가다가 한 곳을 가리키며 '여기에다 절을 지었으면 좋겠다' 하니 제석(帝釋)이 풀 한 줄기를 땅에 꽂으며 '절을 다 지어 놓았습니다'라고 했다. 그러자 부처님이 미소를 지었다 하는데 그 뜻이 무엇인가?"

이에 효봉 선사가 대답했다.

"스님은 참으로 절 짓기를 좋아하십니다."

이 말에 만공 스님은 한바탕 웃었다.

이 공안은 『선문염송』 제 27칙 '절 세우기[健刹]' 화두이다.

세존께서 대중들과 함께 길을 가시다가 한 조각 땅을 가리키며,

"이 땅에는 절을 지을 만하다"라고 말씀하시니,

제석천이 풀 한 포기를 가져다 땅에 꽂으며 이렇게 말하였다.

"절을 다 지었습니다."

그러자, 세존께서 빙그레 웃으셨다.

이 화두는 본래 『본생경』에서 나온 것이다. 경에 이르기를, "그 때 제석이 한 줄기의 풀을 가져다가 땅에 꽂으니 즉시에 범찰(梵刹)이 이루어졌는데, 그 이름을 니다사(泥多寺)라고 하였다. 그 뒤로부터 원근(遠近)이 모두 부처님의 감화로 돌아왔고, 제석은 도리천(忉利天)으로 돌아갔다"고 하였다.

제석천이 풀 한 포기로 순식간에 절을 세운 것은 "손가락 한 번 까닥임에 온 우주가 나타나고, 손가락 한 번 까닥임에 온 우주가 사라진다"는 법문과 같다. 절이라는 건물뿐만 아니라, 우리가 경험하는 현상계 역시, '한 생각[一念]' 일으킴으로써 나타난 것이다.

이러한 도리를 깨달은 이가 원효 스님이다. 스님은 불법을 배우려고 7살 아래인 의상 스님과 같이 고구려 국경을 넘다가 병졸들에게 잡혀 괴로움을 당하고 신라로 돌아와 바닷길로 떠났는데, 가다가 날이 저물어 산속 공동묘지에서 잠을 자게 되었다. 원효 스님은 잠결에 갈증으로 주위에 있던 바가지에 물을 떠서 마셨는데, 그 다음날 아침에 해골바가지에 고여있는 썩은 물이라는 것을 알고 토하기 시작했다. 그 순간 원효 스님은 크게 깨달았다.

'간밤에 아무 것도 모르고 마실 때에는 그렇게도 물맛이 달콤했는데 해골에 고인 썩은 빗물임을 알자 온갖 더러운 생각과 함께 구역질이 일어나다니!'

그리하여 원효 스님은 한 순간에 깨달음을 얻고 그때의 심경을 이렇게 노래했다

심생즉종종법생(心生卽 種種法生)
심멸즉 종종법멸(心滅卽 種種法滅)
삼계유심 만법유식(三界唯心 萬法唯識)
심외무법 호용별구(心外無法 胡用別求)

마음이 일어나면 온갖 법이 일어나고
마음이 사라지면 온갖 법도 멸하는 것.
삼계가 모두 마음이요 만법이 오직 인식이라.
마음 밖에 따로 법이 없으니 어찌 따로 진리를 구할 것인가.

훗날 의상 스님 역시, '모든 존재의 연기법[重重無盡法

界緣起]'을 거울에 비친 그림자처럼 확실하게 깨달아, 화엄의 이치로 「법성게(法性偈)」를 설했다. 다음은 「법성게」 가운데 무한한 시간과 공간이 감추었다 펼쳤다 하는 '일념(一念)'의 위대함을 노래한 부분이다.

일중일체다중일(一中一切多中一)
일즉일체다즉일(一卽一切多卽一)
일미진중함시방(一微塵中含十方)
일체진중역여시(一切塵中亦如是)
무량원겁즉일념(無量遠劫卽一念)
일념즉시무량겁(一念卽是無量劫)

하나에 전체 있고 전체에 하나 있어
하나가 곧 전체요 전체가 곧 하나일세
한 티끌 그 가운데 온 우주를 머금었고
낱낱의 티끌마다 온 우주가 다 들었네.
끝도 없는 무량겁이 한 생각의 찰나이고
찰나의 한 생각이 끝도 없는 겁이어라.

우주를 지었다 허물었다 하는 일념의 위대함을 말하며, 그 마음 도리에 따라 '언제 어디서나 인생의 주인이 되어 살라[隨處作主]'는 것이 불교의 가르침이다. 부처님이 여기다 절을 짓겠다 하신 것도 그 자리[自性]에서 한 것이요, 제석천이 풀 한 포기 꽂은 것도 그 자리에서 한 일이요, 사찰을 지은 것도 그 자리요, 부처님이 웃은 것도 그 자리이다. 제석천이 그 곳에 절을 하나 짓고 싶다는 마음을 내는 그 순간 이미 절은 지어진 것과 다름이 없다. 눈에 보이는 절만 절이 아니라 사찰 건립을 간절히 염원하는 마음 속의 절이 진짜 절이라 의미도 담겨있다.

최근에 미국과 한국 등에서 베스트셀러가 된 『시크릿(The Secret)』란 책은 '생각한대로 이루어진다'는 이러한 불교의 도리를 현실 생활 속에 잘 용용한 책이라 할 수 있다. 마음의 이치를 깨달았으면, 마음의 위대한 힘을 믿고 자기 인생과 세상을 긍정적이고도 아름답게 만들어가는 것이 자리이타(自利利他)의 삶일 것이다.

만공⑧ _ 법기보살의 깊은 풀밭

만공 스님이 금강산으로부터 정혜사에 돌아와 법좌에 올라 설법하여 이르되,

"내가 금강산에 있을 때에 법기보살이 설법하신다는 소식을 듣고 곧 가서 들었더니, 법기보살이 큰 소리로 대중을 불러 이르되, '풀이 한 길이나 깊다' 하시더니라. 또한 일러라. 금일은 어떻게 하려는가?" 하니 대중이 대답이 없었다.

그 뒷날에 한 선객이 와서 묻되, "법기보살이 이렇게 이른 것이 또한 풀속의 말이니, 어떤 것이 풀속에서 나온 말이옵니까?" 하거늘, 만공 스님이 이르셨다.

"풀속에서 나온 말을 묻지 말라. 풀속에 들어가서 사람을 위하는 것이 그 은혜가 커서 갚기가 어려우니라."

선객이 다시 말하되, "풀속에 들어가 사람을 위하는 말씀 한 마디를 스님께서 일러주시기를 청하나이다."

스님이 이르되, "밤길을 허락하지 아니 하니, 날이 밝거든 오너라" 하였다.

불교에서는 번뇌를 '무명초(無明草)'라고 하여 풀에다

가 비유를 하는 경우가 많다. 그러니 이 번뇌의 풀을 끊기 위해서는 칼이 필요하다. 이 번뇌를 끊을 칼을 찾는 것, 이것이 바로 '심검(尋劍)'이다. 여기에서 칼이란 지혜를 상징한다.『금강반야바라밀경』에서 설하듯이 반야바라밀이 지혜이고, 이 지혜가 바로 칼이라는 말이다. 우리나라 불상에는 칼을 든 불상이 없지만, 외국의 불상중에서 문수보살은 칼을 들고 있는 경우도 많이 있다. 문수보살은 지혜를 상징하는 보살이기에, 지혜의 칼을 들고 있는 것이다.

무명초와 관련, 동산양개 선사는 "만리나 되는 먼 곳에 풀이 하나도 없는 곳(萬里無寸草)을 향해 가라"고 하였는데, 이는 일체의 번뇌 망상이 없는 절대 평등의 '한 물건도 없는[無一物]' 경지인 불성을 깨닫도록 일깨우는 가르침이다.

그러나 수행자가 무명초를 잘라 번뇌 없는 곳에만 머무르는 것도 역시 단견일 뿐이다. '번뇌가 그대로 보리[煩惱卽菩提]'임을 깨달아 번뇌도 버리지 않고 보리도 구하지 않는 경지가 되어야만 진정한 자유인이라 할 수 있다. 그리고 이러한 진실을 깨달아 열반에 머무는 도인들은 다시 번뇌 즉, 풀속으로 들어간다. 그것은 고해의 바다에서 고

통받는 중생을 구제하기 위함이다. 이류(異類), 즉 아직 진리를 체득하지 못한 중생이 머문 곳으로 들어간다는 뜻의 '이류중행(異類中行)'이란 말이 바로 그것이다.

깨달음을 얻는 것은 궁극의 목적이 아니다. 깨달음을 쓰고 누리며 중생과 함께 하는 것이 완전한 열반인 것이다. 선(禪)의 10가지 경지를 묘사한 「심우도(尋牛圖)」의 열 번째가 '입전수수(入廛垂手)'인 것이 바로 이를 증명한다. 곽암 선사는 입전수수의 경지를 이렇게 노래했다.

맨발에 가슴은 벌거숭이, 나는 세상 사람들과 함께 어울려 산다.
옷은 누더기, 때가 찌들대로 찌들어도 언제나 지복으로 넘쳐흐른다.
나는 마술같은 것을 부려 삶을 연장하려 하지 않는다.
지금, 내 앞에 있는 나무들이 싱싱하게 뻗어 나가고 있구나.

입전수수의 경지는 깨달음의 빛을 숨기고 저자거리에서 중생과 하나가 되어 사는 평상심의 삶이기에, 그를 알아보기란 오히려 쉽지 않은 일이다. 그래서 고인은 「심우도」 주석서에 이러한 설명을 붙이고 있다.

"내 문중(門中)에 속하는 천 명의 현자들도 나를 몰라본다. 내 정원의 아름다움은 보이지 않는다. 왜 스승들의 발자취를 찾아야 한단 말인가? 술병을 차고 시장 바닥으로 나가 지팡이를 짚고 집으로 돌아온다. 술집과 시장으로 가니, 내가 바라보는 모든 사람들이 깨닫게 된다."

'풀속에 들어가 사람을 위하는 한 마디 말'은 위로는 보리를 구하면서 아래로는 중생을 교화하는 자리이타(自利利他)의 길이다. 이러한 보살행의 실천은 결코 거창한 일이 아니다. "어두운 밤길에 다니지 말고 밝은 대낮에 다니라"고 말하는 자비심이다. 진리는 거창한 곳에 있지 않다. 진리가 따로 있다면 그것은 이미 진리가 아니다. 없는 곳이 없어서 진리 아님이 없어야 참 진리라 할 수 있다. 주변 사람을 편하게 대하고 불우한 사람을 돕는 것이 풀속에 들어가 사람을 위하는 불행(佛行)수행이다.

만공⑨ _ 일 마친 사람의 경계

용음(龍吟) 스님이 어느 날 옥판선지를 한 장 가지고 조실(祖室)에 들어와서 "글 한 귀를 써 주십시오" 하고 절을 하며 청했다.

만공 스님이 붓을 들어 다음과 같은 간단한 글귀를 써 주었다.

"이것은 일 마친 사람의 경계라[此是了事漢境界]

깊은 밤 원숭이 울음 산봉우리에 어지럽더라[後夜猿啼在亂峰]."

용음 스님은 이것을 종신토록 받들어 지녔는데,

후일에 금봉 스님이 이 글을 보고 말하기를, "큰스님의 안목과 골수가 모두 이 글귀에 있다" 고 하였다.

깨달음을 얻어 '생사 해탈'이란 일대사를 해결한 사람을 '일 마친 사람' 즉, 요사인(了事人)이라 한다. 『증도가』에 나오는 '절학무위 한도인(絶學無爲 閑道人)'처럼, 부처나 깨달음을 구하는 일도 없이 무심의 경지에서 일없는 생활을 하는 도인이다.

설두 선사는 『벽암록』에서 "생사 대사의 일대사를 마친 납승은 한 사람이라도 좋다"고 말한 바 있다. 불법의 대의를 완전히 깨닫고 정법의 안목을 구족하여 무애자재한 지혜작용을 펼칠 수 있는 한 사람의 선승이라도 출현한다면 충분하다는 뜻이다. 사실 한 사람이라도 그러한 인물을 구하기란 쉬운 일이 아니라는 뜻을 담고 있다.

'일 마친 사람'은 아상(我相)과 인상(人相), 주관과 객관의 자기와 부처 등 일체의 상대적인 차별경계를 초월하여 '시방의 세계와 하나 된 경지[萬法一如]'에서 평상심으로 사는 사람이다. 『전등록』에서 장사 선사는 이를 다음과 같이 말하고 있다.

"내가 만일 매양 종교만을 선전한다면 법당 앞에 풀이 한길이나 자라게 된다. 그러므로 나는 어쩔 수 없이 그대들에게 말하노니, 시방세계가 온통 사문의 눈이요, 시방세계가 온통 사문의 온몸이요, 시방세계가 온통 자기의 광명이요, 시방세계가 온통 자기 광명속의 것이며, 시방세계가 온통 자기 아닌 것이 없다."

만공 스님의 '깊은 밤 원숭이 울음 산봉우리에 어지럽더라'라고 한, 일 마친 사람의 경계는 마치 『벽암록』의 저자인 원오 선사의 게송처럼 아름답다. 원오 선사는 호남 각주(嶽州)의 협산(夾山) 영천원(靈泉院)에 머무를 때 그 방장실(方丈室) 편액에 '猿抱兒歸靑嶂後, 鳥啣花落碧巖

前(원숭이가 새끼를 품에 안고 푸른 절벽 뒤로 돌아가고, 새가 꽃을 물어 푸른 바위 앞에 떨어뜨린다)'란 글귀를 걸어두었는데, 그 중 '벽암(碧巖)'이란 글자를 취하여 『벽암록』이라 한 것이다.

일체의 차별경계를 초월해 노니는 무사인(無事人)의 경지는 『벽암록』 제 36칙에서 장사경잠 화상이 꽃피는 봄날에 산놀이한 이야기로도 엿볼 수 있다.

장사 화상이 하루는 산을 유람하고 돌아와 대문 앞에 이르자, 수좌가 질문했다.

"화상은 어디를 다녀오십니까?"

장사 화상이 말했다.

"산을 유람하고 오는 길이다."

수좌가 말했다.

"어디까지 다녀오셨습니까?"

장사 화상이 말했다.

"처음은 향기로운 풀을 따라 갔다가 그리고는 지는 꽃을 따라서 돌아 왔다."

수좌가 말했다.

"아주 봄날 같군요."

장사 화상이 말했다.

"역시 가을날 이슬 망울이 연꽃에 맺힌 때보다야 낫지."

이에 대해 설두 화상이 간단히 평했다.

"대답에 감사드립니다."

이 공안에서 장사 화상이 수좌의 점검하는 질문에 편승하지 않고, "역시 가을날 이슬 망울이 연꽃에 맺힌 때보다야 낫지"라고 응대한 것은 일체의 차별경계를 초월한 향상사(向上事)의 일보다, 향하문(向下門)의 입장에서 중생과 함께하는 봄기운이 훨씬 좋다는 의미를 담고 있다. 장사 화상은 하루종일 산놀이를 가고 옴에 삼라만상의 차별경계와 함께 하였지만 어디에도 깨달음의 자취나 흔적을 남기지 않은 것이다.

이러한 선문답을 보고 설두 화상은 수좌가 인사말을 잊고 있기 때문에 그를 대신하여 "대답에 감사드립니다"라고 인사말을 착어로 대신하고 있다. 즉 설두 선사의 뜻은 장사 화상의 산놀이가 본분사에 계합된 평상심의 삶이라는 사실을 인정하고 있는 것이다.

설두 화상의 다음 게송은 원오, 장사 선사와 만공 선사의 심경이 다르지 않음을 보여준다.

"대지에는 티끌 한점 없는데, 어떤 사람인들 눈을 뜨고 보려하지 않으랴! 처음엔 향기로운 풀을 따라 갔다가, 다시 지는 꽃을 따라서 돌아왔네. 야윈 학은 차가운 나무 위에서 발돋음하고, 미친 원숭이는 옛 누대에서 휘파람을 분다. 장사의 무한한 뜻이여! 쯧쯧."

만공⑩ _ 벽초 수좌의 할

만공 스님이 법좌에 올라 이르되, "옛날에 임제 스님은 항상 할을 쓰시고, 덕산 스님은 항상 방을 쓰셨다 하니 금일 대중은 임제의 할을 친하겠느냐, 덕산의 방을 친하겠느냐?"

이 때 벽초(碧超) 수좌가 곧 나와서 예배하니, 노사가 묻되, "벽초는 임제의 할을 친하였느냐, 덕산의 방을 친하였느냐?"

벽초가 대답하되, "임제의 할도 친하지 아니하였고, 덕산의 방도 친하지 아니하였습니다."

스님이 이르되, "그러면 무엇을 친하였느냐?"

벽초가 스님의 소리가 떨어지자 크게 할을 하니, 스님이 방망이로 한 번 때리시거늘 벽초가 절을 하고 자리로 돌아갔다.

이에 만공 스님이 이르시되, "앞에도 없고 뒤에도 없는 이 벽초로구나."

살불살조(殺佛殺祖: 부처를 만나면 부처를 죽이고 조사를 만나면 조사를 죽여라)를 외치는 서슬 푸른 가풍은 덕산방(德山棒)의 몽둥이와 임제할(臨濟喝)의 고함이 대표적이다. 여기서 '부처와 조사를 죽이라'는 말은 부처님과 조사스님에게 대들라는 말이 아니다. 부처와 조사를 추구하는 법(法)에 대한 고정관념과 집착, 번뇌와 망상을 버리라는 뜻이다. 이 말을 오해해서 부처님과 조사님의 법어를 소홀히 대하는 사람이 있다면 그야말로 말따라 다니는, '흙 덩어리를 쫓아다니는 한나라 똥개[韓獹逐塊]'와 다름없다. 그래서 할과 방의 쓰임새를 모른 채 함부로 남발하는 '눈먼 할[盲喝]'을 "오랑캐가 떠드는 것처럼 시끄럽고 어지러운 할"이라고 했다.

임제의현 선사 이후 할(喝)은 임제종의 선승들간에 널리 사용되어 하나의 종풍(宗風)으로 사용되어 왔다. 선사가 주장자나 죽비로 제자를 때리는 것을 가리키는 방(棒) 역시 제자의 미혹을 일깨우는 선문의 접화수단이다. 방은 할과 함께 사용되었으며 당대의 덕산선감 선사로부터 시작되었다. 그래서 할을 자주 사용하던 임제 선사와 함께 '덕산방, 임제할'이라는 명칭으로 불리워진다.

청대의 삼산등래 선사가 편찬한 『오가종지찬요』에서는 여덟가지 종류의 방을 설하고 있다.

① 제자의 어리석음을 일깨워주기 위한 벌방(罰棒)으로서 선사가 선의 근본적인 깨달음을 보여서 방편으로 사용

하는 방

② 선사가 제자의 근기를 살펴서 바른 깨달음으로 이끄는 방

③ 아프게 내리침으로서 깨달음으로 이끄는 방

④ 제자의 견해를 인가해주는 상방(賞棒)으로서의 방

⑤ 수행의 허실을 가릴 뿐 상벌과 무관한 방

⑥ 바른 안목이 없는 선사가 마구 남발하는 눈먼 방

⑦ 제자의 어리석음을 아프게 일깨우는 방

⑧ 범부와 성인의 구별을 뛰어넘어서 지고(至高)의 경지를 나타내는 방.

이와 같이 깨달음의 경계를 가장 구체적이면서도 직접적으로 보여주는 선사들의 할과 방은 사상이나 논리보다도 찰나와 영원을 관통하는 깨달음을 단 일회의 행동으로 나타내는 방편이다. 즉, 선은 할과 방을 사용하므로써 삶의 진실을 단 한 찰나의 할과 방의 움직임으로 집약하고 있는 것이다. 그래서 용담숭신 선사는 할과 방의 사용에 노련한 옛 선승들의 이상적인 전형을 다음과 같이 묘사하기도 했다.

"여기에 한 사나이가 있으니, 이빨은 날카로운 칼날과

같고 눈은 반짝이는 별과 같으며 입은 피를 마신 듯 붉고 얼굴은 칠을 바른 듯 검다. 한 방을 때려도 고개조차 돌리지 않나니, 이 사나이는 다른 날 높고 외로운 산봉우리에 초암을 맺고 머물며 부처와 조사를 꾸짖으리라."

만공 스님이 상당설법에서 제시한 위의 공안에서 벽초 스님은 임제의 할도, 덕산의 방도 아닌 자신만의 독자적인 할을 구사하고 있다. 만공 스님은 그 어디에도 의지하지 않는 당당한 주인이 되어 사자후를 토한 벽초 스님을 덕숭산의 전무후무한 수좌라고 칭찬하고 있다.

벽초 스님의 할을 엿보기 위해서는 임제 선사의 네 가지 할의 쓰임을 살펴보는 것이 좋다.『임제록』을 보면 임제 선사는 수행자를 지도하는 방편으로 네 가지 방식의 '할'을 자유자재로 구사하고 있다.

첫번 째 할은 마치 금강왕(金剛王)의 보검처럼 굳세고 예리하다. 할이 가장 굳세고 예리한 '다이아몬드 칼'이 되어 미혹과 망상을 끊어 내는 생생한 작용을 하기 때문에 나온 말이다.

두번 째 할은 마치 웅크리고 있는 금빛 털의 사자 같다. 백수의 왕 사자가 땅에 웅크리고서 먹이를 잡아채려는 긴

박한 순간의 위엄스런 모습은 주위에 위압감을 주는데, 이 할 역시 그와 같은 위엄을 나타낸다.

세번 째 할은 탐간영초(探竿影草)와 같다. 탐간(探竿)은 어부가 고기를 잡는데 쓰는 도구이며, 영초(影草)는 물 위에 떠 있는 풀이다. '탐간영초'란 낚싯대 끝에 두견새 깃털을 달아 물속을 헤쳐서 고기를 물풀 아래로 유인해 모으는 것을 말한다. 스승의 할이 수행자의 내면을 살펴서 그를 시험하는 수단으로 쓰인다.

네번 째 할은 일 할(一喝)의 작용도 하지 않는다. 이것은 '임운무작(任運無作)의 할', '무공용(無功用)의 할'이라고 하듯이 자연 그대로에 맡겨 어떤 조작도 가하지 않는 할이다. 이 할을 '할 없는 할' 또는 '무할(無喝)의 할'이라고도 하는데, 가장 뛰어나고 교묘한 방편이라 할 수 있다.

혜월선사

04 혜월 선사

혜월혜명(慧月慧明) 선사 행장

　혜월(1861~1937) 선사는 충청남도 예산 태생으로 속성은 신(申)씨이다. 11세 때 예산 정혜사의 안수좌(安首座)에게 출가한 스님은 글 한 줄 제대로 배워 본 적이 없다가, 19세부터 은사스님의 부탁으로 서산 천장사에서 경허 스님을 스승으로 모시고 살게 되었다. 그로부터 3년이 지났을 즈음, 스님은 경허 스님을 졸라서 보조국사의 『수심결』을 배우게 된다.

　어느 날 경허 선사가 『수심결』 서두에 임제 선사의 "사대(四大: 지·수·화·풍의 근본 원소)는 본래 거짓으로 이루어져서 법을 설하지도 못하고 듣지도 못하며, 허공도 또한 법을 설하지도 못하고 듣지도 못하느니라. 다만 눈앞에 뚜렷이 밝은 한 물건이 있어서 능히 법을 설하고 듣나니, 고명(孤明)한 이 한 물건이 무엇인고?" 하더니, 재차 다그쳐 물었다.

"알겠느냐? 대체 어느 물건이 법을 설하고 법을 듣느냐? 형상은 없되 뚜렷이 밝은 그 한 물건을 일러라!"

혜월 스님은 앞이 캄캄하여 이 순간부터 오로지 이 화두 일념(話頭一念)에 몰두했다. 앉으나 서나 일할 때나 잠잘 때까지도 '대체 이 한 물건이 무엇인가?' 하는 일념을 놓지 않았던 것이다. 그렇게 일념에 잠겨 참구하는 가운데 3년이라는 세월이 언뜻 지나가고 어느 날, 혜월 스님은 짚신 한 켤레를 다 삼아놓고서 그것을 잘 고르기 위해 신골을 치는데, '탁!' 하는 그 망치 소리에 이 '한 물건'에 대한 의심이 환하게 해소되었다.

1902년, 경허 선사는 스님에게 혜월(慧月)이라는 법호(法號)와 전법게를 내렸다.

혜월혜명에게 부치노라[付慧月慧明]

일체법 깨달아 알면[了知一切法]

자성에는 있는 바가 없는 것[自性無所有]

이같이 법성을 깨쳐 알면[如是解法性]

노사나 부처님을 보리라[卽見盧舍那]

곧 세상법에 의지해서 그릇 제창하여[依世諦倒提唱]

문자없는 도리에 청산을 새기니[無文印靑山脚]

고정된 진리의 상에 풀을 발라 버림이로다[一關以相塗糊]

임인년 늦봄에[水虎中春下澣日]

만화 문인 경허 설하다[萬化門人 鏡虛 說]

혜월 선사는 24세 때 깨달음을 얻은 후, 27년 동안 덕숭산에 머물다가 51세 이후로는 남방의 여러 선방을 유력(遊歷)하면서 납자를 제접(提接)하였다. 당시 선사의 법기를 쓰는 모습은 "신(申)혜월 미투리 방망이에 남방 선지식이 다 빙소와해(氷消瓦解)되었다"는 말이 회자될만큼 독특했다. 혜월 선사는 부산 선암사(仙岩寺)에서 주석하면서 많은 산지를 개간하였고 77세에 입적했다. 법제자로 부산 해운정사 조실 진제 스님의 스승인 운봉성수 선사가 있다.

혜월① _ 어느 물건이 설법하고 청법하느냐?

어느 날, 경허 선사가 『수심결』을 강설하다가, 임제 선사의 "지·수·화·풍의 네 가지 물질적 요소는 법을 말할 줄도 들을 줄도 모르고 허공도 또한 그러하거니, 다만 네 눈앞에 항상 뚜렷하여 홀로 밝고 형상 없는 그것이라야 비로소 법을 말하고 법을 듣느니라" 라는 구절에 이르자, 혜월 스님은 큰 의문을 일으키게 된다.

"목전에 뚜렷하고 형상 없이 홀로 밝은 것[歷歷孤明 物形段者], 이것이 무엇인가?" 이런 화두가 자리잡은 것이다.

이때 경허 스님은 다시 "알겠느냐? 어느 물건이 설법하고 청법하느냐? 형상 없으되 뚜렷한 그 한 물건을 일러라" 하였다.

답을 이르지 못한 혜월 스님은 이로부터 늘 '대체 이 한 물건이 무엇인가?' 하는 의문에 꽉 차서 앉으나 서나 자나 깨나 오직 이 한 생각 뿐이었다. 이렇게 일념에 일념이 거듭 뭉쳐 1주일이 되던 날, 스님은 짚신 한 켤레를 다 삼아놓고 마지막으로 신골(틀을 짚신에 넣고 두드려 모양새 고르는 것)을 치기 위해 '탁!' 하고 자신이 친 망치소리에 그렇게 찾던 '한 물건' 이 환하게 드러났다.

혜월 스님이 타파한 '한 물건[一物]' 은 남악혜양 스님의 깨달음과 유사하다. 회양 선사가 숭산으로부터 와서 뵈오니, 육조 대사가 묻기를 "무슨 물건이 이렇게 왔느냐[什麼物 恁麼來]?"고 할 때, 회양 선사는 어쩔 줄 모르다가 8년만에야 깨치고 나서 말하기를 "설사 한 물건이라 해도 맞지 않습니다" 라고 한 공안이 그것이다.

여기서 '무슨 물건'이 바로 '이 뭣고?' 화두의 근원이 된 것이다. 사람마다 모두 가지고 있다는 이 본래면목(本來面目)을 설명하기 위해 마음이니, 불성(佛性)이니, 주인공이니, 무일물(無一物)이니, 무위진인(無位眞人)이니 하는 등의 이름을 붙이지만 실은 설명이 불가한 '그 무엇(거시기)'이다. 모양과 형상이 없기에, 말이 끊어지고 마음길이 사라진 곳에서 스스로 체험할 수밖에 없는 '물건 아닌 물건'인 것이다.

임제 스님은 이를 두고 "지금 법문을 듣고 있는 것은 그대들의 육신[四大]이 아니라 그 사대를 능숙하게 활용하는 '그것'이다" 라고 하였다.『경덕전등록』에는 바라제 존자가 이견왕(異見王)으로부터 불성에 관하여 질문을 받고 '불성은 작용 속에 있다'는 취지로 대답하여 왕을 깨닫게 했다는 이런 게송이 전한다.

태내에 있으면 몸이요,

세상에 살면 사람이라 하고,

눈에 있으면 본다고 하며,

귀에 있으면 듣는다는 것이며,

코에 있으면 향기를 분별함이요,

입에 있으면 말하는 것이며,

손에 있으면 잡는 것이요,

발에 있으면 걸어가는 것이다.

두루 드러내면 모래알 같이 무수한 세계를 다 아우르고,

거두어들이면 하나의 티끌에 있다.

올바르게 알아차리는 자는 그것을 불성이라 알지만,

알아차리지 못하는 자는 정혼(精魂)이라고 한다.

이견왕도 이 게송에 깨달았는데 그 보다 훨씬 많은 정보를 접하고 있는 우리는 왜 깨닫지 못할까? 그것은 보고 듣고 느끼고 아는 당체(當體)에 대해 진실로 의심해 보지 않았기 때문이다. 우주와 인생을 세웠다 허물었다 하는 '깨달음의 성품(覺性)'이 무엇인가를 절실하게 의심해야만 화두가 저절로 들리는 것이다. 지금 이 글을 보고 생각하

는 이것은 과연 무엇일까?

혜월② _ 산 꼭대기에 바람이 지나간다

무심삼매(無心三昧)에서 짚신을 삼아 놓고 신골을 치는 망치 소리에 '이 한 물건(一物)이 무엇인가' 하는 의심이 환하게 해소된 혜월 스님은, 그 길로 경허 선사를 찾아갔다. 경허 스님은 한눈에 뭔가를 간파하고 물음을 던졌다.

"그래 참선은 무엇하러 하는가?"

"못에는 고기가 뛰고 있습니다."

"그래, 자네 지금 어디 있는가?"

"산 꼭대기에 바람이 지나갑니다."

"목전(目前)에 고명(孤明: 뚜렷이 밝은)한 이 한 물건이 무엇인고?"

이에 혜월 스님은 동쪽에서 서쪽으로 가 섰다.

"어떤 것이 혜명(慧明: 혜월 스님의 법명)인가?"

"저만 알지 못할 뿐만 아니라 일천성인(一千聖人)도 알지 못합니다."

경허 선사께서는 여기에서, "옳고 옳다" 하시며 혜월 스님을 인가하였다.

'한 물건'은 부모로부터 태어나기 전의 본래면목(本來面目)으로서, '이 뭣고?' 화두의 참구(參究) 대상이다. 6조

혜능 대사가 "나에게 한 물건이 있는데, 위로는 하늘을 받치고 아래로 땅을 괴었으며, 밝기는 일월 같고, 검기는 칠통(漆桶)과 같아서 항상 나의 동정(動靜)하는 가운데 있으니, 이것이 무슨 물건인가?"하고 제시한 공안이다.

이 '한 물건'은 그 어떤 언어로도 규정할 수 없고, 생각으로도 헤아릴 수 없어서 부처님과 조사도 입을 뗄 수 없는 자리이기도 하다. 그래서 달마 대사는 '불식(佛識: 모른다)'이라고 말했으며, 육조 스님의 인가를 받은 남악회양 스님은 "설사 한 물건이라 해도 맞지 않다[設使一物也不中]"고 했으며, 숭산 스님은 "오직 모를 뿐"이라고 했다. 마찬가지로 혜월 스님은 '혜명의 본래면목'을 묻는 질문에, 역대 성인도 이치로는 알 수 없다고 답한 것이다.

황벽 스님은 "찾을래야 찾을 수 없고, 지혜로써 알 수도 없으며, 말로 표현할 수도 없으며, 경계인 사물을 통해서 이해할 수도 없고, 또 힘써 노력한다고 다다를 수도 없는 이것"을 "모든 불·보살과 일체 꿈틀거리는 미물까지도 똑같이 지닌 대열반의 성품[大涅槃性]", 또는 '신령스런 깨달음의 성품[靈覺性]'이라고 표현하기도 했다.

그렇듯이 이 '각성(覺性)'은 못에서 물고기가 뛰놀듯이 늘 우리 삶과 함께 하는 것이다. 찾으면 찾을 수 없지만, 찾지 않으면 없는 곳이 없어서 산 꼭대기의 바람이 지나가는 가운데도 있다. 이 '한 물건'은 무엇이라 말로 설명할 수는 없지만, 동쪽에서 서쪽으로 움직이는 작용을 통해 드러나는 것이기도 하다. 혜월 스님은 이 '한 물건' 자체가 되어 언어와 생각을 떠나 경허 스님의 질문에 척척 대답하고 있는 것이다.

이 문답을 통해 점검을 마친 경허 스님은 전법의 표시로 비로소 혜명에게 '혜월(慧月)'이란 법호와 전법게송을 지어주었다.

일체법 사무쳐 알면 자성에 또한 소유가 없는 것
이와 같이 법성을 깨쳐 알면 노사나부처님 곧 보리라
세상의 생멸법 쉬어 생사 초월한 도리 부르짖으니
청산 다리 한 빗장으로써 서로 우물쭈물 하도다.

경허 스님은 혜월 스님에게 "남방이 인연있는 땅이니, 이 길로 남쪽으로 가도록 하라" 했다. 혜월 스님은 하직하고 곧 양산 미타암으로 가게 된다.

혜월③ _ 이상한 돈 계산

혜월 스님이 61세 때 부산 선암사 조실로 계셨는데, 몇 해를 두고 개간한 땅이 2천평이나 됐다. 이것을 욕심내는 절 밑의 속인들이 스님의 천진(天眞)한 마음을 이용해 싸게 샀다.

이에 상좌스님들은 한심하다는 눈빛으로

"스님, 그 돈은 두 마지기 값밖에 안됩니다."

하고 원망하듯 말했다. 스님은 상좌들의 말을 무심히 듣고 난후 이렇게 꾸짖었다.

"이 녀석들아! 논 닷 마지기는 그대로 있고, 여기 두 마지기 값이 있으니 번 것이 아니냐? 사문은 욕심이 없어야 해!"

"스님, 하지만 손해가 너무 많습니다."

"허! 허! 인간의 마음 속에는 더할 것도 덜할 것도 없지 않느냐."

혜월 스님의 법문을 들은 제자들은 2천 평의 땅, 재물이란 상(相)에 걸려 무소유의 천진불(天眞佛)인 조실스님의 경지를 미처 헤아리지 못했던 자신들을 부끄럽게 생각했다. 이 선화는 우리가 어떻게 보시를 실천할 것인가에 대한 좋은 예이기도 하다. 보시의 핵심은 미묘하게 숨겨진 소유욕과 끝없는 욕심으로부터 수행자를 자유롭게 하는 것이기 때문이다.

'나'와 '나의 것'이란 생각이 없어서 늘 무소유의 삶을 살아서 '무심도인'이란 별명을 들었던 혜월 스님의 면목이 대게 이러했다. 스님 개인의 사생활은 아주 검소하고 순박해서 소지품이라곤 발우 한 벌에 작은 이불 하나, 삼베옷 몇 벌 뿐이며 밤에 잘 적에는 결코 요를 까는 일이 없이 맨바닥에 잠깐 눈을 붙일 뿐이었다. 그리고 정진 시간 이외에는 늘 부지런히 일하고 개간했으며, 비오는 날이면 머슴들과 한 방에서 새끼를 꼬고 짚신을 삼으면서도 동중(動中) 공부를 소홀히 하지 않았다.

이처럼 스님은 언제나 형식에 걸림이 없고 무엇에도 집착 없이 본원청정(本源淸淨)한 마음자리에 머무는 바 없이 머물렀다. 모든 사람이 가진 청정한 자성(自性)에는 본래부터 구족되지 않은 것이 없어서 우주를 둘러싸고도 모자람이 없다. 또한 분별심을 떠난 일심(一心)은 나와 너라는 구별이 사라져 '나의 것'이라는 소유욕이 없는 텅 빈 마음이기에 송곳 꽂을 땅도, 송곳이란 이름도 붙을 수 없는 자리이다. 사람의 본래 마음자리에는 '더할 것도 덜할 것도 없다'고 이른 뜻이 여기에 있다. 이와 같이 스님은 법거량에 있어서도 '격식 밖(格外)'의 언어와 행동을 자유자재로 구사하면서도 한편에서는 자비심을 갖추었으니, 스님과 신도들 모두 진심으로 절복(折伏)하지 않을 수 없었던 것이다.

혜월 스님은 본래부터 성품이 부지런했지만, 경허 스님으로부터 전법게를 받은 뒤로는 일과 수행을 병행하며 보임(保任: 화두를 타파한 뒤 보호하고 지켜가는 불행수행) 공부를 더욱 철저히 했다. 중국 백장(百丈) 선사의 청규(淸規)인 '하루 일하지 않으면 하루 먹지 말라[一日不作 一日不食]'는 정신으로 일관한 셈이다. 잠시도 쉬지 않고 도량을 쓸고 닦고 짚신을 삼으며 새끼를 꼬는가 하면 노는 땅, 쓸모 없는 땅을 파 일구어서 좋은 논·밭으로 개간하는데 더욱 힘썼다. 당신 홀로도 일하지만 대중을 동원하여 삽, 괭이, 가래 등을 가지고 주위에 있는 산을 개간하거나 경작지를 가꾸는 등으로 수행을 삼았다.

그래서 당시 삼대걸승(三大傑僧)으로 불모지를 개간하는 혜월 스님, 도량 중수를 많이 하는 만공 스님, 역경 포교에 전념하는 백용성 스님이 회자되기까지 했다. 특히 혜월 스님은 남방의 '무심 도인'이란 별명을 얻을 정도로 세상 속에서 살면서 세상을 벗어난 자유인으로 살았다.

혜월④ _ 귀신 방귀에 털난 소식

　일제 말기, 미나미 지로(南次郎) 총독이 남방에 큰스님이 계시다는 말을 듣고 부산 안양암에 주석하고 있던 혜월 스님을 참방하여 인사를 드렸다.
　"스님의 도에 대한 명성은 일찍부터 잘 듣고 있었습니다. 진작 찾아뵙고자 했으나 이제야 뵙습니다."
　총독은 절을 하고 "부처님의 아주 깊고 높은 진리를 한 말씀 일러 주십시오" 라며 법을 청했다.
　이에 혜월 스님은 담담하게 말했다.
　"귀신 방귀에 털난 소식이니라."
　미나미 총독은 무슨 뜻인지 알 수 없어 한동안 무료하게 앉아있다가 일행과 더불어 덤덤하게 돌아갔다. 결국 총독이 혜월 스님에게 한 방망이 크게 맞았다는 소문이 불교계와 총독부에 자자하게 퍼졌다. 총독에게 무례하게 대했다는 소문에 분개한 총독부의 한 무관이 혜월 스님을 단단히 혼을 내 주리라 작정하고 한 걸음에 달려왔다. 그는 방문을 걷어차고 들어가, 참선하고 있는 스님 목에 칼을 들이대고 말했다.
　"내 칼 받아라. 그대가 혜월 스님인가?"
　"그렇다. 내가 혜월이다."

하고 스님이 손가락으로 그 무관의 등뒤를 가리키며 말했다.

"저것 보아라."

무사가 뒤를 돌아보는 찰나, 스님이 벌떡 일어나 무관의 등을 치며 소리쳤다.

"내 칼 받아라."

그러자, 무관은 깜짝 놀라 칼을 떨어뜨리고선 큰절을 하고 항복했다.

무심도인 혜월 스님의 번뜩이는 지혜보검을 엿볼 수 있는 귀한 법거량이다. 스님은 한국 불교를 납작하게 보고 기고만장하던 총독에게는 귀신 씨나락 까먹는 '격식 밖의 말[格外句]'로 입을 틀어막았고, 살벌한 칼날 보다 더 무시무시한 반야의 취모검(吹毛劍: 털도 벤다는 보검)으로 교만한 무관의 번뇌·망상을 단박에 베어버린 것이다. 실로 누구도 흉내내기 어려운 전광석화(電光石火)와 같은 막강한 기봉(機鋒)이 아닐 수 없다.

일제강점시대 조선 권력의 제 1인자인 총독의 위세를 가볍게 눌러 준 일도 놀라운 일이지만, 목에 칼이 들어오는 절체절명(絶體絶命)의 순간에도 태연하게 응대할 수 있는 것은 깊고 깊은 무심(無心)에서 저절로 발휘된 불가사의한 지혜작용이 아닐 수 없다. 혜월 스님이 총독에게 조금이라도 위축된 마음이 있었다거나, 무관의 칼날 앞에서 공포에 떨었다면 한국 선종의 존엄과 스님의 목숨은 한순간에 땅바닥에 떨어졌을 것이다. 평소 참선을 통해 무심을 증득하면 죽음과 같은 두려움이나 온갖 유혹에도 여여한 부동심으로 대응할 수 있음을 보여주는 실례인 것이다.

이러한 무념의 경지에 대해 무문일현 스님은 "육신이 지쳐 숙면에 들게 되면 바로 옆에서 벼락이 떨어져도 모르고 자는데 의식이 화두에 주의 집중하여 깊이 삼매에 들어가면 깨어 있는 가운데 성색(聲色)에 동요하지 않는 부동심을 가질 수 있다"고 했다. 즉, 이것은 바로 "가슴에서 우러나오는 본성 삼매에서 비롯되는 무념의 경지"를 말한다.

구한말 일제 강점기에 경허 스님의 법제자이자 당대 선지식인 혜월 스님을 시험하려는 시도는 여러 차례 있었다.

한번은 일본의 헌병대 사령관이 내원사에 방문하여 바로 문밖에서 스님과 같이 찻잔을 들 때 대포를 쏘라고 부하들에게 시켰다. 혜월 스님과 법담을 나누고 찻잔을 들고 마시려는 순간 '꽝' 하고 대포를 쏘니, 일본군 사령관은 찻잔을 떨어뜨리고 놀라 혼비백산했지만, 혜월 스님은 빙그레 웃으며 "아니 그만한 일에 놀라서 어찌 그 많은 군사를 이끄시는가?" 하여 일본군 사령관을 굴복시키고, 내원사를 지켜냈다고 전한다.

이와 관련, 무문일현 스님은 "한국전쟁 때 많은 스님들이 큰 절을 버리고 피난갔지만, 혜월 스님 홀로 통도사를 지켜낸 그 법력은 오늘날 나약하고 쉽게 포기하려는 근기를 가진 현대인들과 젊은 수행자들에게 무언의 법문이 아닌가 생각한다"고 하였다.

일본 총독과 헌병대 사령관을 비롯한 조선총독부 고위 지도자들이 한국의 도인스님들을 테스트한 데는 이유가 있었다. 바로 임진왜란 당시 한국 고승들의 신통력에 굴복한 경험 때문이다. 일본은 임진왜란 당시, 조선을 송두리째 삼켜 버리려 야욕을 부렸지만 서산(西山)·사명(四溟), 두 큰스님의 법력(法力)에 굴복하여 물러갈 수 밖에 없었다. 그 때문에 일본 지도자들에게는 한국의 도인스님이 가장 두려운 존재로 각인되어 있었다. 그래서인지 1936년 8월 제7대 조선총독으로 부임한 미나미 지로 통독은 가장 먼저 도명(道名) 높은 선사를 수소문하여 방문했던 것이다.

위풍당당하게 혜월 스님을 참방한 총독은 '불법의 진리를 설해 달라'며 그물을 펼치지만, 백전노장인 스님의 '귀신 방귀에 털난 소식'을 접하고는 더 이상 입을 뗄 수 없었다. 형상이 없어서 보이지 않는 귀신도 허무한데, 그 귀신이 방귀를 뀐다는 것, 더군다나 그 방귀에 털이 난 것이라고 하니, 도대체 이게 무슨 소리인가? 이 도리는 총독이 아니라 총독 할애비도 알 수 없는 진리의 암호인 것이다.

이와 관련, 혜월 스님의 사제인 만공 스님은 이런 법문으로 힌트를 주고 있다.

참된 말은 입 밖에 나가지 않나니라. 허공에 뼈가 있는 소식을 알겠느냐? 귀신 방귀에 털나는 소식을 알겠느냐? 등상불(等像佛)이 법문하는 소리를 듣겠느냐? 생각이 곧 현실이요, 존재니라. 생각이 있을 때는 삼라만상이 나타나고, 생각이 없어지면 그 바탕은 곧 무(無)로 돌아가나니라.

-『만공 법어집』-

만공 스님은 이 법문에 이어 "무심(無心)은 비로자나불의 스승이니라. 알려는 생각이 끊어질 때에 일체를 다 알게 되는 것은 무(無)에서 일체의 것이 다 발견되기 때문이니라"라고 친절한 설명을 하고 있다.

귀신 방귀에 난 털은 본래 생겨난 적이 없기에 본래 사라지는 것도 아닌 무생법인(無生法忍: 본래부터 생겨남이 없는 마음자리)을 상징한다. 이는 반야심경의 '제법공상(諸法空相) 불생불멸(不生不滅) 불구부정(不垢不淨) 부증불감(不增不減)'과 같은 뜻이다. 일체의 존재가 모양이 없어서 생기는 것도 없어지는 것도 아니며, 더러운 것도 깨끗한 것도 아니며, 많아지는 것도 적어지는 것도 아니라는 것이다.

이에 대해 서산 대사는 『선가귀감』에서 "여기 '한 물건(一物)'이 있는데 본래부터 한없이 밝고 신령하여 일찍이 나지도 않았고 죽지도 않았다. 이름 지을 길 없고 모양 그릴 수도 없다"고 말하고 있다. 이 '한 물건'을 알려면 구구한 지견풀이를 잊고, 귀신 방귀에 털난 소식을 온몸으로 깨달을 수 밖에 없다.

혜월⑤ _ 누가 내 소를 가져갔느냐?

혜월 선사의 회상(會上)에 고봉 스님이 공부하고 있었다. 하루는 혜월 선사가 출타 중인 틈을 타서 고봉 스님은 몇몇 스님을 꼬드겨 이 절에 있던 소를 팔아 그 돈으로 곡차를 실컷 마셨다. 남은 돈으로는 맛있는 반찬을 장만해 대중공양을 했다.

혜월 선사가 돌아와 보니 소가 없어져 버렸고 스님들은 아침 예불도 안 하고 모두 술에 떨어져 자고 있었다.

화가 치민 혜월 선사는 대중을 다 깨웠다.

"누가 소를 가져갔느냐?"

제자들은 겁이 나서 말도 못하고 고봉 스님만 바라보고 있었다. 혜월 선사는 고봉 스님의 소행인 줄 알고도 모른 체하며 고함을 쳤다.

"누가 내 소를 가져갔느냐?"

그러자 고봉 스님이 벌떡 일어나 옷을 홀랑 벗고 혜월 선사의 방에서 네 발로 기어다니며 "음매!" 하고 소 우는 흉내를 냈다.

이에 혜월 선사는 고봉 스님의 볼기짝을 한 대 후려치고는 말했다.

"내 소는 어미 소이지, 이런 송아지가 아니다."

그리고는 밖으로 내쳤다.

사찰에 가면 '심우도(尋牛圖)'를 볼 수 있다. 동자가 불성(佛性)을 깨달아 보살행을 하는 구도의 과정을 묘사한 그림이다. 여기서 소(牛)는 불성을 상징한다. 소를 찾는 '심우'는 곧 불성을 찾는다는 뜻이다. 만해 한용운 스님이 자택을 '심우장'이라고 한 것도 이런 뜻을 담고 있다. 고려시대의 보조국사 지눌 선사는 호를 목우자(牧牛子)라 했다. '소를 기르는 이'라는 의미다.

모든 사람이 가진 불성, 즉 본래면목, 자성, 성품을 가리키는 용어는 이 밖에도 다양하다. 선가에서는 근기를 따라 여러 가지의 이름을 붙이게 되는데, 혹은 자기(自己)라 하고, 일물(一物), 일착자(一着子), 정안(正眼), 주인공(主人公), 묘심(妙心), 무저발(無底鉢: 밑 없는 발우), 몰현금(沒絃琴: 줄 없는 거문고), 무진등(無盡燈: 꺼지지 않는 등불), 무근수(無根樹: 뿌리 없는 나무), 취모검(吹毛劍: 날카로운 지혜검), 무위국(無爲國: 함이 없는 나라), 모니주(牟尼珠: 보배구슬), 무유쇄(無鑰鎖: 열쇠 없는 자물쇠), 무공적(無孔笛: 구멍 없는 피리), 석녀(石女: 돌여인), 목계(木鷄: 나무닭), 니우(泥牛: 진흙소), 무영수(無影樹: 그림자 없는 나무), 원상(圓相), 무봉탑(無縫塔: 꿰맨 자국

없는 탑), 무영탑(無影塔: 그림자 없는 탑), 이놈(這漢), 무위진인(無位眞人: 차별 없는 참사람), 무저선(無底船: 바닥 없는 배) 등등이 그것이다.

위의 선문답에서 고봉 스님은 소를 찾는 혜월 스님의 불호령에 능청스럽게도 소 흉내를 내고 있다. 이미 화두를 타파하여 자유인이 된 고봉 스님이 소(불성)가 되어 지혜작용을 펼치고 있는 것이다. 이에 혜월 스님은 고봉 스님의 슬기를 긍정하면서도, 소를 팔아 곡차를 마신 철부지(송아지) 같은 행위에 대해서는 '엄마 젓 더 먹고 오라'며 볼기짝을 때리고 있다. 고봉 스님의 겁 없는 무애행도 놀라운 일이지만, 절에서 소를 팔아먹고 술을 마신 엄청난 파계행위를 분노 없이 법문답으로 경책한 무심도인의 대기대용 역시 보기드문 일이 아닐 수 없다.

혜월⑥ _ 천진불을 깨뜨린 수좌

혜월 선사가 파계사에 있을 때의 일이다.

혜월 선사는 열두어 살 되는 동자승과 함께 살았는데 마치 친구처럼 지냈다. 하루는 혜월 선사가 장에 가려고 절 문을 나서니 방안에서 "아이고, 아이고!" 하는 곡소리가 들려왔다. 혜월 선사가 돌아오더니 방문 앞으로 다가가서 말했다.

"큰스님, 저는 오늘 장에 다녀오겠습니다. 객스님하고 재미있게 노십시오."

"아니, 내 점심은 안 주고 너 혼자 가려고?"

혜월 선사는 동자승에게 깍듯이 인사를 하고 난 후 다시 장을 향해 떠났다. 혜월 선사가 떠나자 동자승은 그 객승을 부르더니 이렇게 말했다.

"어디서 온 객승인데 건방지게 앉아만 있는가. 우리 스님은 아침저녁 나에게 문안을 올리는데 당신은 인사도 할 줄 모르더냐?"

객승은 하도 기가 차서 말문을 잃고 있다가 끊어오르는 분노를 참을 수 없어 동자승을 방안으로 불러들였다.

"네 이놈! 어디서 그런 무례한 짓을 배웠느냐! 당장에 옷을 벗겨 절 밖으로 쫓아낼 것이다."

처음 당하는 호통이요, 절 밖으로 쫓아낸다는 말에 겁이 난 동자승은 빌었다.

"제가 잘못했습니다. 용서해 주십시오."

구슬 같은 눈물이 흘러내렸다.

"이리 와서 꿇어앉아라."

동자승은 꿇어앉는 법도 제대로 몰랐다.

"오늘부터 내가 가르치는 대로 하여라."

"네."

"스님이 어디 갔다 오시면, '스님 다녀오십니까' 하고 인사를 하고 앉을 때는 무릎을 꿇고 앉아야 한다."

"알겠습니다."

"그럼 나가 봐라."

저녁 늦게 혜월 선사가 장에서 돌아왔다. 선사는 절 문에 들어서면서 "큰스님, 큰스님!" 하며 동자승을 불렀다. 풀이 다 죽은 채 동자승이 밖으로 나가더니 혜월 선사 앞에서 절을 하며 말했다.

"스님, 이제 다녀오십니까?"

혜월 선사의 얼굴이 갑자기 어두워졌다. 그 날 저녁을 먹은 후 선사가 객승에게 물었다.

"스님, 동자승에게 무엇을 가르쳤소?"

"예, 하도 무례해서 예법을 가르쳤습니다."

혜월 선사는 실의와 노기를 띠며 큰소리로 말했다.

"내가 예법을 몰라 저 아이에게 가르치지 않았겠소. 천진한 그 모습이 하도 좋아 때묻지 않게 정성껏 가꾸고 있었는데, 스님이 그 천진성을 깨뜨리고 말았소. 이제 나 하고 인연이 다 됐으니 스님이 데리고 가시오."

객승을 따라가는 동자승을 보고 혜월 선사가 손을 흔들며 말했다.

"큰 스님, 공부 잘하십시오."

이 문답은 천진한 마음, 형식과 예법을 배우기 전의 순진무구(純眞無垢)한 마음이 사람마다 가진 본래의 성품(性品)에 가깝다는 사실을 암시하고 있다. 선과 악, 옳고 그름, 아름다움과 추함, 사랑하고 미워함 등 온갖 분별심이 생기기 이전의 무심은 천진난만한 아이들이 가진 마음과 유사하다. 혜월, 성철 스님과 같은 큰스님들이 아이들을 가장 좋아한 것도 이런 이유 때문이다.

사람이나 동물은 갓 태어나 어릴 적에는 선과 악, 옳고 그름 등의 분별심이 없어서 그야말로 천진불(天眞佛) 그 자체이다. 나와 남에 대한 구별이 거의 없기에 이기심(利

己心)이나 남을 해치는 마음도 없다. 그러다가 점차 부모나 사회로부터 교육을 받아 사리분별을 하기 시작하면서부터 분별심과 망상이 나날이 자라나게 된다. 온갖 예법과 권위의식, 고정관념 등을 받아들이면서 날 때부터 가진 자연을 닮은 해맑은 심성은 분별심속으로 숨고 만다. 자라면서부터 탐욕과 성냄, 어리석음은 더욱 자라나 스스로 세 가지 독한 마음을 불러일으키고, 급기야 사회 전체를 삼악도(三惡道)로 만들고 만다.

결국 수행이란 것은 탐진치 삼독을 씻어내어 본래의 천진한 성품을 회복하는 과정인 셈이다. 그러니 화두를 타파해 무심도인이 된 혜월 스님과 같은 큰스님들은 천진한 동자의 마음을 귀하게 여기고 보존하려 한 것이다. 오염된 삼독심(三毒心)을 비워 무념(無念)이 되는 길은 여간 쉽지 않은 과정이다. 반면, 어릴 때 출가한 동자승들은 세속에 찌든 삼독심에 물들기 전에 불법의 가르침을 받으면, 쉽게 천연(天然)의 자성(自性)을 회복할 수 있다. 동진 출가한 스님들은 그만큼 전생의 출가인연이 깊은 만큼 본래 성품을 되찾는 과정도 그만큼 수월하다고 볼 수 있다.

혜월⑦ _ 미꾸라지를 산 스님

한번은 혜월 선사가 어느 신도가 해준 깨끗한 모시 두루마기를 입고 장터에 나갔다가 마침 아이들이 개울에서 미꾸라지를 잡아오는 것을 보고 말했다.

"얘들아, 그 미꾸라지 나한테 팔아라."

"안돼요."

"나한테 팔래두."

"안된다니까요."

혜월 선사는 아이들을 막아 서며 팔라고 했고, 아이들은 한사코 팔지 않겠다고 맞섰다. 서로 밀치며 입씨름까지 하다 보니 깨끗한 모시 두루마기는 온통 흙투성이가 되었다. 이렇게 옥신각신하면서 오다가 혜월 선사는 아이들을 끌고 주재소로 들어가 담판을 짓기로 했다. 혜월 선사는 그 지방에서 무심(無心)도인으로 이름이 난 분이라, 순경들이 곧 아이들을 달래어 그 미꾸라지를 마침내 선사에게 팔게 했다. 그 미꾸라지는 다시 물 속으로 들어갔다.

혜월 스님의 자비심과 아이들과 같은 천진난만한 면모를 엿볼 수 있는 일화이다. 요즘 같으면, 추어탕이라고 해서 사람들이 즐겨먹는 하찮은 미꾸라지를 스님은 한사코 살리기 위해 아이들과 번거로운 타협을 마다하지 않은 것이다.

예로부터 큰스님들의 자비심과 방생의 실천은 범부들이 상상하기 어려울 정도로 철저하다. 조선시대 석가모니불의 후신으로 존경받은 진묵 대사도 아이들이 잡은 물고기를 살려준 방생의 일화를 전해주고 있다. 진묵 대사는 물고기를 아이들이 보는 앞에서 끓여먹은 후 개울물에 엉덩이를 들이대고 똥을 쌌는데, 그 똥이 물고기로 다시 변해 살아났다는 이야기다.

중국에서도 계율을 초월해 계율의 문을 자유자재로 열고 닫은 선사들이 많았지만, 역시 살생을 금하고 방생을 실천한 일화들이 많다.

중국 양무제 때 선지식으로 법력이 높았던 천태지자 대사가 어느 날 지관삼매(止觀三昧)에 들어있었을 때의 일화다.

마침 산돼지 한 마리가 몸에 화살이 꼽힌 채 피를 흘리며 지나간 후 곧이어 사냥꾼이 뒤를 쫓아와, "산돼지 한 마리가 이곳으로 지나가는 것을 보지 못했습니까?" 하고 묻는 것이었다.

이때 대사가 그를 보고 "엽사여! 그 활을 던져 버리시오" 하며, 다음과 같이 법문했다.

"삼생(三生) 전에 까마귀가 배나무에서 배를 쪼아 먹고 무심코 날아가자 나무가 흔들리는 바람에 배가 떨어져, 그 아래서 빛을 쬐던 뱀의 머리를 때려 죽이고 말았다. 이렇게 죽게 된 뱀은 돼지 몸으로 다시 태어나게 되었고, 뱀을 죽게 한 까마귀는 생을 마치고 꿩으로 태어나게 되었는데, 숲속에서 알을 품고 있었다. 이때 돼지가 칡뿌리를 캐먹다가 돌이 굴러내려서 새끼를 품고 있던 꿩이 치어서 죽고 말았다. 이렇게 죽음을 당한 꿩이 다시 사람으로 태어나 사냥꾼이 되어 그 돼지를 활로 쏘아 죽이려는 순간, 내가 이들의 지난 삼생사를 내다 보고, 더 큰 원결과 악연으로 번져가지 못하도록 사냥꾼에게 이같은 해원(解怨)의 법문을 설해주게 된 것이다."

지자 대사로부터 삼생사에 얽힌 이러한 법문을 듣게 된 사냥꾼은 크게 뉘우치며 그 자리에서 활을 꺾어 던져버리면서 "다시는 살생을 하지 않겠다"며 다짐했다.

이와 같이, 살생의 과보는 한 치의 어긋남이 없이 지은 자가 그만큼 받게 된다. 이러한 살생의 과보를 잘 받아넘기기 위해서는 진정한 자성참회를 하고 방생을 실천해야 한다. 방생에는 죽어가는 짐승을 살려주는 방생도 있지만, 굶주리는 백성을 구제하는 '인간 방생'도 있다. 이러한 방생과 관련해서는 영명연수 선사의 실화가 유명하다.

영명연수 선사는 중국 북송 때의 고승으로 28세에 승려가 되고 천태덕소 국사에게 선지(禪旨)를 깨닫고 법안종(法眼宗)의 제 3조가 된 큰스님이다. 항상 108참회를 일과로 정했으며, 하루에 아미타불을 10만 번씩 외웠다고 전한다.

영명연수 선사는 출가 전에 자사라는 높은 벼슬을 하던 어느 해, 흉년이 들어 백성들이 도탄에 빠졌다. 굶는 백성을 살리기 위해서는 국고(國庫)를 헐어 기민을 구휼해야 할텐데, 자사라도 중앙의 허락 없이는 국고를 열 수가 없었다. 절차를 밟아 허락을 받아야 하는 것인데, 당장 굶주린 백성들은 그 절차를 기다릴 수가 없는 것이 아닌가. 먼저 창고를 열어 굶은 백성을 먹이고 난 뒤 중앙에 그 절박한 상황을 보고할 수 밖에 없었다.

결국 자사는 법을 어긴 것이 알려져 참형의 판결을 받았다. 그리하여 사형을 집행하는 순간, 형리가 보니 그 자사가 죽음의 문턱에서 너무나 태연자약하고 얼굴빛이 좋았다. 형리는 "이런 대인을 죽이는 것은 하늘의 뜻을 어기는 죄다" 라고 다시 상소해 자사를 석방시켰고, 자사는 그 길로 절에 들어가 불법에 귀의해 고승이 된 것이다. 속세의 큰 흉년에 목숨을 걸고 백성을 구휼하려던 그 자비심이 바로 큰 스님의 그릇이었음을 알 수 있는 일화가 아닐 수 없다.

**방생공덕수승행(寫經功德殊勝行)이니
무변승복개회향(無邊勝福皆廻向)이니라**

**생명을 살리는 공덕은 뛰어난 행이니
가없는 복덕은 모두 일체 중생을 위해 회향된다.**

생명존중을 무엇보다 강조하는 불교의 방생은 죽음에 이른 생명을 살려주는 행위뿐만 아니라 생명체를 괴롭히지 않으며, 생명체들이 잘 살아갈 수 있도록 도와주는 적극적인 행위까지 포함하는 자비덕목이다. 즉 방생은 생명존중의 적극적인 지계행(持戒行)으로 볼 수 있다. 병든 사람을 치료해 주고, 고아를 돌보고, 무의탁 노인을 보살피며, 굶주린 이에게 음식을 보시하는 것이 곧 방생이다. 무분별한 개발로 황폐해진 자연을 되살리는 것도 방생이며, 이러한 의미를 널리 알리는 것 또한 중요한 방생이라 하겠다.

살생은 자비의 종자를 끊는 가장 무서운 악업이다. 『화엄경』은 살생의 과보와 관련, "보살은 성품이 저절로 일체 살생을 멀리 여의어서 살생도구를 두지 아니하고 원한을 품지 아니하며, 내지 중생을 해롭게 하지도 않으며 살해하지 않는다. 그런데 만약 중생이 살생하면 그 죄로 단명하거나, 병이 많은 과보를 받게 된다"고 설하고 있다.

부처님과 조사님들 가운데 지혜와 자비를 구족하지 않은 분들은 한 분도 없다. 행여 '살불살조'를 핑계로 무자비한 행위를 일삼는 자가 있다면 그는 수행자가 아니라 마구니일 뿐이다. 남의 생명을 존중하고 남의 재산을 탐내지 않고 양심에 따라 사는 것이 수행자이기에 앞서 사람된 도리이다. 참선을 닦는다고 해서 별달리 기특한 일을 하는 것이 아니다. 사람다운 사람, 부처 닮은 사람이 되어 자신의 본래 생명을 깨닫고 일체 생명을 구제하고 해탈케 하는 것이다.

조과도림 선사는 여덟 살 짜리 아이도 알지만, 여든 노인도 실천하기 어려운 것이 '제악막작 중선봉행(諸惡莫作 衆善奉行: 모든 악을 짓지 말고, 뭇 선행을 실천하라)' 이라고 했다. 본래의 마음자리는 선악을 초월한 자리이지만, 모든 부처님의 가풍(家風)은 선악을 초월한 가운데 선을 행하면서 공덕과 지혜를 닦는 것이다. 선(禪)의 이치를 깨달아 이입(理入)한 부처 아들이 완전한 어른 부처가 되려면 '제악막작 중선봉행' 하는 행입(行入)을 닦아야 한다. 이것이 달마 대사가 말한 불행(佛行) 수행이다. 행여나 아직 '공(空) 도리'에 빠져 있는 수행자가 있다면, 깊이 회광반조하길 바란다.

한암스님

05 한암 선사

한암중원(漢巖重遠) 선사 행장

강원도 화천에서 태어난 한암(1876~1951) 선사의 성은 온양 방(方)씨, 이름은 중원(重遠), 호는 한암(漢巖), 아버지는 기순(箕淳)이며, 어머니는 선산 길(吉)씨이다. 천성이 영특하고 한 번 의심이 나면 풀릴 때까지 캐묻기를 그만두지 않았던 그는 1897년 금강산을 유람하다가, 기암절벽의 하나 하나가 부처님 얼굴이 아니면 보살상을 닮은 것으로 느끼고 깊이 감격해 출가를 결심하였다. 금강산 장안사의 행름 선사를 모시고 공부를 시작하였으며, 그때 진정한 나를 찾고, 부모의 은혜를 갚으며, 극락에 왕생하겠다는 3가지 원(願)을 세웠다.

이어 금강산 신계사의 보운강회(普雲講會)에서 공부하다가 보조 국사의 『수심결』을 읽고 얻은 바가 있었다. 그 뒤 도반인 함해 스님과 함께 선지식을 찾아 구도행에 나섰다. 그러던 중, 1899년 가을 김천 청암사 수도암에서 경허 선사를 만나 가르침을 청하였다. 경허 선사가 『금강경』 사구게(四句偈)를 일러 주는데 갑자기 안광(眼光)이 열리면서 마음이 열렸고, 9세 때부터 가졌던 '반고씨(盤古氏: 천지만물의 시조로 혼돈씨(渾沌氏)라고도 함) 이전의 인물'에 대한 의문이 풀렸다. 이어 대중들 앞에서 경허 선사로부터 도를 깨달았음을 인정받았다. 그 뒤 돈오 이후의 수행인 보임공부를 하였으며, 1905년 봄에 양산 통도사 내원선원 조실로 추대되어 후학들을 지도했다. 1910년 봄에는 평안도 맹산 우두암으로 들어가 홀로 보임공부를 계속했는데, 같은 해 겨울 부엌에서 불을 지피다가 홀연히 크게 깨달아 마음의 자재를 얻었다.

한암 선사는 그뒤 선풍(禪風)을 떨치며 1925년 서울 봉은사의 조실로 머물다가, "차라리 천고에 자취를 감춘 학이 될지언정 삼춘(三春)의 말 잘하는 앵무새의 재주는 배우지 않겠다"는 말을 남기고 강원도 오대산으로 들어가서 27년 동안 산문 밖을 나오지 않았다. 1941년 조선불교 조계종이 출범했을 때 초대 종정(宗正)으로 추대되어 4년동안 조계종의 정신적인 지주가 되었을 때도 두문불출했다.

 선사는 1951년 3월 22일 가벼운 병이 난지 7일이 되는 아침, 죽 한그릇과 차 한잔을 마시고 손가락을 꼽으며 "오늘이 음력 2월 14일이지?" 하고 말한 후 사시(巳時)에 이르자 가사와 장삼을 찾아서 입고 선상(禪床) 위에 단정히 앉아서 태연히 열반하였다. 세수 75, 법랍 54세였다. 대강백이자 선사인 탄허 스님을 제자로 두었으며, 저서에 『한암 일발록(一鉢錄)』이 있다.

한암① _ 남산에 구름 이니 북산에 비가 온다

　1899년 경허 스님은 가야산 해인사 북서쪽 20km 지점에 위치한 수도산의 청암사 수도암에서 머물렀다. 그때 26세의 한암 스님은 51세의 경허 스님을 처음 만난다.
　이 곳에서 한암 스님은 경허 스님의 "무릇 형상이 있는 모든 것이 허망한 것이다. 만일 모든 형상 있는 것이 형상이 아님을 알면 곧 여래를 보리라"는 『금강경』 4구게 법문을 듣고 안광(眼光)이 홀연히 열리면서 한눈에 우주 전체가 환희 들여다 보이는 체험을 한다.
　얼마 뒤 수도암에서 몇몇 수좌들과 함께 차를 마시고 있을 때, 경허 스님이 일동에게 질문했다.
　"어떤 수좌가 '어떤 것이 참으로 구하고 참으로 깨닫는 소식입니까?' 하고 물었을 때, 운문이 '남산에 구름이 이니 북산에 비가 온다' 고 답했는데, 이것이 무슨 소리냐?"
　한암 스님이 대답했다.
　"창문을 열고 앉으니, '기와를 입힌 담[瓦墻]' 이 앞에 있습니다."
　경허 스님은 그 다음 날 법상에서 여러 수좌들을 보고 말했다.
　"중원(重遠: 한암)의 공부가 개심(開心: 지혜가 열림)을 넘어섰다."
　'남산에 구름' 공안이 기록된 『벽암록』의 원래 문답은 다음과 같다.

"옛 부처(古佛)와 법당의 기둥(露柱)이 서로 교섭하는데 이게 무슨 작용인가?"

아무도 대답하는 이 없자, 운문 스님이 스스로 말했다.

"남산에 구름 일어나니 북산에 비가 온다[南山雲起 北山下雨]."

이 문답에서 '남산운기 북산하우'는 운문 선사보다 훨씬 앞서 선종에 귀의한 '향산 거사(香山居士)' 백거이(白居易)의 선시 「도광선사에게 붙임(寄韜光禪師)」에 나왔던 선림의 명구이기도 하다. 백거이는 이 시에서 "동쪽 계곡물이 흐르니 서쪽 계곡에 물이 불어나고[東澗水流西澗水], 남산에 구름 이니 북산에 비가 내린다[南山雲起北山雨]"고 노래했다.

아무튼, '남산에 구름' 공안에서 '고불(古佛)'은 오래 묵은 불상이요, '노주(露柱)'는 법당 앞의 돌 기둥이니, 모두 만 가지 법(法)의 하나이다. 동시에 고불은 본래부터 부처인 각자의 자성(自性), 즉 자각의 주체인 불심을, 돌 기둥은 현상 경계의 사물을 상징하기도 한다. 물론 '옛 부처'를 성인으로, '돌 기둥'을 범부로 볼 수도 있다.

고불과 노주가 교섭하는 작용을 알기 위해서는 주관(心)과 객관(境), 부처와 중생이 상즉상입(相卽相入)하여 작용하는 '둘도 아니요, 하나도 아닌(不二不一)' 중도제일의(中道第一義)를 요달해야 한다. 이러쿵 저러쿵 하는 문자풀이로는 알 수 없는 깨달음의 경지인 것이다.

언어와 생각으로는 파악할 수 없는 진공묘유(眞空妙有)의 세계는 시간과 공간을 비롯한 일체 상대적인 차별경계를 초월한 경지이기도 하다. 그래서 남산과 북산이란 서로 다른 공간, 구름 일고 비 내리는 시간적인 전후를 초월하여 묘한 작용을 드러낸다.

그러나 시간과 공간, 사량·분별을 초월한 공(空)의 세계가 우리가 경험하고 있는 시·공간인 색(色)의 세계와 다르냐 하면 그렇지도 않다. 공이 그대로 색이요, 색이 그대로 공인 것이다[色卽是空 空卽是色]. 그래서 한암 스님은 "창문을 열면 담장이 보인다"며, '산은 그대로 산이요, 물은 그대로 물[山是山 水是水]'인 실상(實相)의 소식을 밝히고 있는 것이 아닐까.

경허 스님의 인가를 받은 한암 스님의 대답은 마치 남양

혜충 선사의 법어를 대하듯이 청명하다.

한 수좌가 혜충 국사에게 물었다.
"어떤 것이 부처님의 마음입니까?"
"담장 벽과 기와 자갈이니라[牆壁瓦礫]."

-『선문염송』-

한암② _ 적멸보궁에 참배나 다녀오너라

한때 일본 조동종(曹洞宗)의 승려 사토 타이준[佐藤泰舞]은 우리 불교계를 돌아본 뒤 마지막으로 오대산 상원사에 주석하던 한암 선사를 찾아와 물었다.

"어떤 것이 불법의 큰 뜻입니까?"

한암 선사는 곁에 놓여 있던 안경집을 들어올렸다.

다시 사토 스님이 물었다.

"스님이 모든 경전과 조사어록(祖師語錄)을 보아 오는 가운데, 어디에서 가장 깊은 감명을 받았습니까?"

한암 선사는 사토 스님의 얼굴을 쳐다보며 말했다.

"적멸보궁(寂滅寶宮)에 참배나 다녀오너라."

다시 사토 스님이 물었다.

"스님께서는 젊어서부터 지금까지 수도하였는데, 만년의 경계와 초년의 경계가 같습니까, 다릅니까?"

"모르겠노라."

이때 사토 스님은 일어나 큰절을 하면서 말했다.

"활구(活句)의 법문을 주셔서 대단히 감사합니다."

이 말이 채 끝나기도 전에 한암 선사가 말했다.

"활구라 해버렸으니 이미 사구(死句)가 되고 말았다."

'어떤 것이 불법의 대의(大義)인가?'라는 사토 스님의 질문에 한암 선사는 무심히 곁에 놓여있던 안경집을 들어보였다. "불법의 대의가 저 멀리 딴 데 있는 것이 아니라, 바로 자네 눈앞에 있네. 이래도 보이지 않는가?"라는 뜻이 아닐까. <중용>에 "도야자(道也者)는 불가수유리야(不可須臾離也)니, 가리(可離)면 비도야(非道也)니라"는 말이 있듯이, 불법(道)은 잠시도 우리 곁을 떠난 적이 없으며, 떠나 있다면 이미 불법이 아닌 것이다.

경전과 어록에서 가장 감명 깊은 부분을 묻는 질문에, 한암 선사는 "적멸보궁에 참배나 다녀오라"고 경책한다. "불법의 정수를 어찌 문자에서 찾을 수 있겠는가, 적멸보궁에 참배하고 새롭게 발심한 뒤 직접 문자와 언어가 끊어진 적멸(寂滅)의 경지를 체험하라"는 멋진 대답이다.

이어 한암 선사는 만년의 경계와 초년의 경계를 묻는 질문에, "모르겠노라"라고 답한다. 수행 상에 나타나는 경계는 어디까지나 경계일 뿐이다. 어떤 신묘한 경계가 나타나더라도 집착하지 않고 내려놓고 가기에, 기억에 남는 좋고 나쁜 경계가 따로 있을 리가 없다.

마지막으로 사토 스님이 활구 법문에 대해 감사를 표하자, 한암 선사는 끝까지 자비를 아끼지 않는다. '입을 열고 생각을 움직이면 벌써 그르쳤느니라[開口卽錯 動念卽乖]. 죽은 말(死句) 그만하고 참구나 하거라' 하는 당부를 잊지 않는다.

이처럼 한암 선사는 고인들의 선문답을 흉내내어 읊조리는 '구두선(口頭禪)', '앵무새선'을 크게 경계하였다. 1925년 서울 봉은사 조실로 있다가, "차라리 천고(千古)에 자취를 감춘 학이 될지언정 삼춘(三春)의 말 잘하는 앵무새의 재주는 배우지 않겠다"는 말을 남기고 강원도 오대산으로 들어가서 27년 동안 동구 밖을 나오지 않은 것도 이 때문이다.

한암 선사의 이런 경책을 받고 크게 감명을 받은 사토 스님은, 어느 강연회에서 "한암 스님은 일본에서도 볼 수 없는 도인임은 물론 세계적으로도 둘도 없는 인물"이라고 평했다. 이 일이 있은 뒤 상원사에는 선사를 친견하려는 일본 저명인사들의 발길이 이어졌다고 한다.

한암③_ 가난뱅이가 묵은 빚을 생각한다

만공(1871~1946) 선사가 묘향산에 있던 한암(1876~1951) 선사에게 편지를 보냈다.

"우리가 이별한 지 10여 년이나 되도록 서로 거래가 없었도다. 구름과 명월과 산과 물이 어디나 같건만, 북녘 땅에는 춥고 더움이 고르지 못할까 염려되오. 북방에만 계시지 말고 걸망을 지고 남쪽으로 오셔서 납자들이나 지도함이 어떠하겠소?"

한암 스님은 만공 선사에게 이렇게 답했다.

"가난뱅이가 묵은 빚을 생각합니다."

만공 선사가 다시 답했다.

"손자를 사랑하는 늙은 첨지는 자연히 입이 가난하느니라."

한암 스님이 다시 답했다.

"도둑놈 간 뒤에 활줄을 당김이라."

만공 선사가 다시 답했다.

"도둑놈 머리에 벌써 화살이 꽂혔느니라."

만공 스님이 한암 스님에게 남쪽으로 내려와 후학 양성에 나서달라고 청하자, 한암 스님이 선문답으로 사양하는 장면이다. 한암 스님은 가난뱅이가 묵은 빚을 생각할 정도로 지독하게 가난하다고 정색을 한다. 마음이 가난해져 '일체의 분별심을 텅 비워버린 경지[身心脫落]'여서, 한 마디도 설할 법이 없다는 자부심이 묻어난 말이기도 하다.

"마음이 가난한 자는 복이 있나니, 하늘나라가 저희 것이오"라는 유명한 『성경』 구절이 있듯이, 선가에서도 마음이 가난함을 미덕으로 여긴다. 대표적인 법문이 향엄 선사의 게송에 보인다.

앙산 선사가 향엄 스님이 기왓조각이 대나무에 부딪치는 소리를 듣는 순간 깨쳤다는 소식을 듣고 달려가서, "네가 다다른 심득(心得)의 경계가 어떠하냐?"고 물었다.

이에 향엄 스님은 "작년의 가난은 가난이 아니고, 올해의 가난이 진짜 가난이다. 작년 가난은 송곳 세울 만한 땅은 있었지만, 올해엔 송곳조차도 없네"라는 게송으로 답했던 것이다.

『맹자』에는 "마음을 기르는 것은 욕심이 적은 것보다 더 좋은 것이 없다[養心莫善於寡欲]"는 말이 있듯이, 소욕지족(少欲知足)은 마음공부의 기본이다. 『법구경』에서는 "지족은 제일의 부(富)이다"라고 했고, 『유교경』에서는

"만일 모든 고뇌를 없애고자 한다면 마땅히 지족(知足)을 관해야 한다"고 설한 것이 이것이다.

만일 모든 고뇌를 없애고자 한다면 마땅히 지족을 관해야 한다. 지족의 법은 곧 부락안온(富樂安穩)한 것이며, 지족하는 사람은 땅위에 누워있어도 안락하다. 지족하지 못한 자는 천당에 있어도 뜻대로 되지 못한다. 지족하지 못하는 자는 부자라 할지라도 가난하다. 지족하는 자는 가난하지만 부자이다. 지족하지 못하는 자는 항상 오욕에 끌려 다니고, 지족하는 자에게 연민을 느끼게 한다. 이것을 지족이라 이름한다.

이같은 한암 스님의 가난뱅이 타령에, 만공 스님은 "할애비가 비록 가난하더라도 손자를 아끼듯이 후학들을 지도해야 하는 것 아니냐"고 다그친다.

그러자 한암 스님은 "(내 뜻은 이미 밝혔으니) 버스 떠난 뒤에 손 흔들지 마시라"고 한 방 먹인다. 만공 스님 역시 작가 선지식인지라 고이 보내줄 리 없다. 도둑놈 심정은 도둑놈이 가장 잘 알기에, '그대의 본래면목에 화살을 적중시켰다(以心傳心으로 뜻이 통했다는 의미)'고 되받

아친다. 장군멍군이요 피장파장이다.

선가에서는 '천하와 우주를 훔치는 위대한 작가 선지식'을 도둑놈이라 표현한다. 자아의식과 분별심, 번뇌 망상을 텅 비운 무심도인은 만법과 하나가 된 경지에 살기에 우주만유를 자기 것으로 만든 도둑으로 상징한다. 불법을 완전히 체득하기 위해서는 천하를 훔치는 대도(大盜)의 기질이 있어야 한다는 의미다.

한암④ _ 방문을 활짝 열고 청산을 보여주다

일제강점기 일본 조동종 관장(종정)을 지낸 경성제국대학 사토 타이준(佐藤泰舞) 교수와 한암 스님간의 또 다른 법거량이다.

어느 날, 월정사에서 전갈이 오길, 사토 교수가 면회를 요청하니 곧 내려오시라는 것이었다. 그 때 상원사에서는 한암 조실의 지휘 아래 가을 김장 준비로 밭갈이 중이어서 한암 스님은 내려가지 않았다.

그러자 얼마 후 사토 교수 일행이 직접 상원사로 올라오자, 통역이 작업을 중지하고 귀빈을 맞으라고 성화였다.

통역이 다시 조르자 한암 스님이 말했다.

"가서 물어보게. 나를 찾아보러 왔는지, 절 받으러 왔는지."

이윽고 조실방으로 들어온 사토 교수는 공손히 예배하고 법문답을 청했다.

"본연청정(本然淸淨)한테 어찌 산하대지(山河大地)입니까?"

한암 스님은 아무 말도 하지 않은 채 방문을 활짝 열고 청산(靑山)을 보여주었다.

"본연청정(本然淸淨)한테 어찌 산하대지(山河大地)입니까?"하는 질문은 장수 선사와 낭야 선사간의 문답으로도 전해질 만큼 유명한 공안이다.

장수 선사가 낭야 선사에게 가서 묻되, 『능엄경』 가운데 부루나 존자가 부처님께 묻기를 "청정본연커늘 어찌하여 문득 산하대지가 생겼습니까?" 한 질문을 인용하여, 다시

"청정본연커니 어찌하여 산하대지가 생겼습니까[淸淨本然 云何 忽生 山河大地]?"

하였다. 그러자 낭야 선사가 반문하되,

"청정본연커늘 어찌하여 문득 산하대지가 생겼는고?"

하고 되물었더니, 장수 선사가 그 말끝에 깨쳤다.

그것은 장수 선사가 물을 것도 없는 것에 한 생각을 공연히 일으켜서 '묻는 그 자체가 산하대지를 나타나게 한 것'이라는 뜻을 내포하고 있다.

장수 선사와 사토 교수의 질문은 동일했지만, 한암 스님은 '만목청산(滿目靑山: 보이는 그대로가 깨달음의 세계이다) 즉, 산하대지를 직접 보여주는 말없는 지혜작용으로 오히려 낭야 선사 보다 더욱 명쾌한 대답을 하고 있어, 감탄이 절로 나오게 한다.

본래 청정한 법신(法身)에서 어찌하여 무명(無明)이 일어나 산하대지의 세계가 생기고 중생이 생겼느냐 하는 것이 불교의 근본 문제 중의 하나이다. 이에 대해 대승불교는 미혹한 눈으로 보면 세계가 더러운 곳으로 보이고, 중생이 악의 덩어리로 보이지만, 깨달은 눈으로 보면 사바세계가 유리(琉璃)세계로 보이고 중생이 부처로 보인다고 한다. 법계가 본래 청정한 것을 깨닫고 또 깨닫지 못한 차이로 차별되어 보인다는 것이 대승의 이념인 것이다.

이에 대해 『대불정수능엄경』에서는 본래 깨친 성각(性覺)이 망념으로 인하여 본연청정한 것을 가리우고 지·수·화·풍·공·견·식(地水火風空見識)의 7대 만법이 연기되어서 무기물의 세계와 생명계의 중생이 생겼다고 본다. 즉, 부루나 존자가 부처님께 "청정본연한 여래장 묘진여성 속에서 어찌하여 문득 산하대지가 생겼느냐?"고 물으니까, 부처님께서는 "무명의 망념을 인하여 세계도 생기고 중생도 생기고 기타 만물이 생겼느니라" 하신 것이다.

이러한 대승의 이념에 따라 선종에서는 단적으로 "한 생각이 쉬면 본연청정한 세계요, 선악으로 나누는 한 생각이 일어나면 오탁악세다"라고 말한다. 즉, "다만 한 생각의 차이로 인하여 만 가지의 형상이 나타났다[只因一念差 顯出萬般形]"는 것이다. 원오 선사는 『벽암록』에서 "소위 제불과 중생이 본래 다름이 없는 일심(一心)의 당체이며 산과 강이 자기와 어찌 차등이 있겠는가?"라고 말했듯이, 일체 만물과 자기는 둘이 아니다. 산하대지가 즉 자기이며 자기가 곧 산하대지인 것이다. 차등이 있다고 보는 것은 중생심의 분별심이기에, 『신심명』에서는 '만법일여(萬法一如)'라고 노래하고 있는 것이다.

용성스님

龍城大禪師真影

我是汝耶汝是我耶草堂春日暖百花閒淺開

06 용성 선사

용성진종(龍城辰鍾) 선사 행장

 민중과 함께 하는 깨달음의 사회화를 실천한 용성(1864~1940) 선사는 3·1운동 때 민족대표 33인 중의 한 분인 독립운동가로서 더 잘 알려져 있다. 선의 대중화 운동, 경전 번역, 포교 쇄신 등을 통해 민중과 함께 하는 깨달음을 주창한 그는 1864년 음력 5월 8일 전북 장수군 번암면 죽림리에서 아버지 백남현과 어머니 손씨 사이에 장남으로 태어났다. 본관은 수원(水原), 법명은 진종(辰鍾), 속명은 상규(相奎)이며 용성은 법호(法號)이다.
 그는 14살 때 어느 날 꿈 속에서 부처를 '친견'하고 남원 교룡산성 덕밀암에 출가한 뒤 부모에 의해 강제로 집에 되돌아왔으나 이태 뒤인 1877년 합천 해인사 주락암에 재출가한다. 20살 때 송광사 삼일암에서 『전등록』을 읽다가 크게 깨달음을 얻은 그는 이후 두 차례 더 오도(悟道)한다.

　1911년 4월 서울 종로구 봉익동에 대각사를 창건한 스님은 선학원을 설립, 선의 대중화운동을 펼쳐 포교 3년 만에 3천여명의 신도를 모을 만큼 참선의 생활화가 시작되었다. 이때 강사를 맡은 만해 한용운 스님과의 인연으로 3·1운동 때는 민족대표 33인 중의 한 사람으로 불교계를 대표하여 독립선언서에 서명하고 1년 6개월간 옥고를 치렀다. 출옥 후 대처승의 법통계승(法統繼承)을 인정하는 일본의 종교정책에 맹렬히 반대하였다. 한편 불교의 대중화운동을 촉진하기 위하여 저술에 진력하면서 대각사를 창건해 대각교운동을 펼쳤다.

　1940년 2월 24일 목욕재계한 뒤 대중을 불러 모아놓고 "그동안 수고했다. 나는 간다" 라는 말을 남기고 입적한 스님은 동산(전 종정), 고암(전 종정), 자운, 동헌, 고봉 등 뛰어난 제자들을 배출했다. 이들의 제자들은 현재 덕숭문중과 함께 조계종의 양대 산맥을 이루는 범어문중의 일가를 형성하고 있다. 이 가운데 성철 스님은 동산 스님의 제자로 용성 스님의 '손자제자' 뻘이다. 저서로『수심론』,

『귀원정종(歸源正宗)』, 『용성선사어록』 등이 있으며, 1962년 건국훈장 대통령장이 추서되었다.

용성①_ 화과원에 도리가 만발하니
　　　　화장세계로다

　용성 스님이 하루는 제자인 고봉 스님에게 물었다.
　"고봉아, 화과원의 도리원 소식을 한 마디 일러라."
　"화과원에 도리가 만발하니, 그대로가 화장세계입니다."
　용성 스님이 그 말을 듣고,
　'네, 이 놈. 뭐가 어쩌고, 어째! 이 놈이 공부 깨나 하여 안목이 열렸는가 했더니만, 알고 보니 순전히 밥이나 축내는 밥도둑 놈이 아닌가."
　하고, 몽둥이로 마구 때렸다.
　고봉 스님이 생각하기를, '내가 혹 이치에 맞지 않는 소리를 했나?' 하고 당신이 말한 것에 대해 의심을 했다. 자기 말에 확신을 잃은 스님은 곧 스승께 여쭈었다.
　"그렇다면 스님께서 한 말씀 해주십시오."
　"화과원에 도리가 만발하니, 그대로 화장세계로구나."

　화과원의 도리원 소식, 즉 깨달음에 대해 스승과 제자가 한 말은 토씨 하나 틀리지 않고 같다. 그렇다면 용성 스님과 고봉 스님의 차이점은 과연 무엇일까. 이것을 알아차리는 것이 불법에 대한 안목(眼目)이다. 안목을 갖춰야만 똑같은 말에서 천지현격(天地懸隔)의 차이점을 훤하게 볼 수 있다.

고봉 스님은 이미 나름의 안목을 갖춘 공부단계였지만, 스승이 던진 낚시밥을 냉큼 물고는 빠져나오지 못하고, 바둥대는 가련한 물고기 신세가 되고 말았다. 고봉 스님은 바로 대답을 했지만, 스승의 시험에 걸려 덜컥 자신을 의심하고 만 것이다. 한 마디로 자신의 견처(見處)에 대해 순간적으로 확신을 잃은 것이다. 이는 고봉 스님의 당시 경계가 절대적인 확신을 바탕으로 한 체험적 증오(證悟)가 아니라, 이치적으로만 안 해오(解悟)에 머물고 있었음을 보여주는 대목이다. 물론 용성 스님의 대자대비(大慈大悲)한 몽둥이질로 고봉 스님은 깨달음을 얻은 선지식으로 명성을 떨치게 된다.

깨달은 경지가 역대 조사의 견처와 같은 지를 점검하는 말에 '신득급(信得及)'이란 말이 있다. 대혜 선사 어록에 나오는 이 말은 증오와 해오를 가름하는 중요한 척도이다. '신(信)'이란 확신할 수가 있느냐는 것이며, '득(得)'은 그 경지까지 다 체험했느냐는 것이다. 깨달음의 경지가 수미산의 팔부 능선 정도인가, 정상까지 밟아보았는가, 아니면 수미산 마저 거꾸러 뜨렸는가를 점검하는 말이다.

이러한 신득급을 확인하는 문답은 '병정동자 래구화(丙丁童子 來求火)' 라는 유명한 공안에서도 보인다.

하루는 법안문익(885~958) 선사가 그의 문하에서 감원(監院: 선원의 감찰 소임)을 보면서도 한번도 법문을 청하지 않는 보은현칙 스님에게 물었다.

"나에게 묻지 않는 이유라도 있느냐?"

"전 이미 청림 화상 문하에서 한 소식을 얻었습니다."

"그래, 어디 한번 말해보아라."

"제가 '무엇이 부처입니까?' 라고 물었더니, 청림 화상이 '병정동자가 불을 구하러 왔구나[丙丁童子來求火]' 라고 했습니다. 그때 그 뜻을 알았습니다."

"그래? 잘못 알았을까 두렵구나. 설명해 보거라."

"병정(丙丁)은 (음양 5행에서) 불(火)에 해당하니 '불이 불을 구한다' 는 말입니다. 부처가 부처를 구한다는 뜻이 아니겠습니까?"

"과연 너는 잘못 알았다."

현칙이 수긍하지 않고 일어나 나갔다. 그런데 생각할 수록 개운치가 않았다.

다시 돌아와 법안 선사에게 물었다.

"무엇이 부처입니까?"

"병정 동자가 불을 구하는구나."

이 말에 현칙은 크게 깨달았다.

이 공안에서도 현칙 스님은 해오는 하였지만 절대확신이 부족하여 증오하지 못하다가, 법안 스님의 자비심을 입게 되어 비로소 활짝 깨닫게 된다는 사례를 보여주고 있다.

용성② _ 어떤 것이 깨달음의 한 마디인가?

어느 날 용성 선사가 전강 스님에게 물었다.

"어떤 것이 제 일구[如是第一句]인가?"

전강은 아주 큰소리로 되물었다.

"예?"

"어떤 것이 제일구냐?"

전강은 박장대소했다.

"하하하!"

그러나 용성은 고개를 저었다.

"아니다."

"그러면 어떤 것이 제일구입니까?"

그러자 용성은 전강의 법명을 불렀다.

"영신(永信)아!"

"예."

"그것이 제일구이니라."

"하하하!"

이번에도 용성은 박장대소하는 전강을 타박했다.

"자네가 전신(轉身)을 못했네."

"그렇다면 전신구(轉身句)를 물어주십시오?"

"어떤 것이 전신구인가?"

"저녁 놀은 따오기와 더불어 날고[落霞與孤鶩齊飛] 가을 물은 하늘과 함께 일색입니다[秋水共長天一色]."

며칠 후, 용성 선사가 대중이 모인 자리에서 선언했다.

"허! 내가 영신(전강)에게 속았구나!"

대중들은 고개를 갸웃거렸으나, 만공 스님은 이 말을 전해 듣고 용성 스님의 깊이를 헤아렸다.

"속은 줄 아니 과연 용성 스님일세."

용성 스님이 후학을 일깨우는 수단은 이처럼 능수능란한 달인의 경지이다. 두 번이나 대답이 틀렸다고 분심(憤心)을 일으킨 후 약이 바짝 달아올랐을 때, 수행자의 근기에 맞게 선교방편(善巧方便)을 베푸는 것이다. 이런 단련을 받은 전강(田岡, 1898~1975) 스님 역시 당대의 선지식으로 이름을 떨친 것은 물론이다.

그런데, 이 문답은 여기서 끝나지 않는다. 전강 스님이 짐짓 알고서 모른 척 했다는 것이다. 용성 스님이 "틀렸다"고 했을 때, 전강 스님이 손뼉을 치며 웃었던 것에 힌트가 있다. 교활하기 그지 없는 전강 스님이 용성 스님을 속였던 것인데, 용성 스님이 그때는 방심해서 몰랐다가 나중에야 전강 스님에게 속은 것을 알았다고 한다.

위의 문답은 『선문염송』의 '가섭찰간(迦葉刹竿)' 공안과 유사한 구조로 볼 수 있다.

아난 존자가 가섭 존자에게 질문했다.

"석가세존께서 가섭 존자에게 금란가사를 전한 일 이외에 또 무엇을 전했습니까?"

그러자 가섭은 "아난이여!" 라고 불렀다.

아난이 "예!" 라고 대답하니,

가섭은 "문전의 찰간(刹竿)에 걸려있는 깃발을 철거하라[倒却門前刹竿着]!" 라고 말했다."

여기서 가섭이 "아난이여!" 하고 부르고, 아난이 "예!" 라고 대답할 때 이미 모든 대답은 끝이 난 것이다. 부처님이 가섭 존자에게 전한 이심전심의 도리를 아난이 미처 알아채지 못했기에, 가섭 존자의 '찰간에 걸린 깃발을 철거

하라'는 후속 법문이 이어진 것이다.

이와 같이, 제자의 이름을 부른 후 '예!' 하고 대답할 때 "이것이 무엇인고?" 하는 의문을 제시하는 것은 선사들이 제자를 깨닫게 하는 전형적인 수법이기도 하다. 이러한 문답은 '이 뭣고?' 화두가 정형화 되기 이전, 백장 선사의 문답에서도 나타날 만큼 수행자의 본래면목을 일깨우는 효과적인 방편이라 볼 수 있다. 『백장록』에는 이런 공안이 나온다.

하루는 백장 스님이 설법을 마치니 대중이 법당에서 물러가자, 스님이 대중을 불렀다.
대중이 고개를 돌리자,
백장 스님은 "이것이 무엇인고(是甚?)?" 하고 물었다.

'부모로부터 태어나기 이전의 본래면목'을 묻는 '이뭣고?' 화두는 다양한 공안에서 등장하지만, 『벽암록』에 등장하는 운문 선사의 법문에 더욱 확실하게 드러나 있다.

향림징원(香林澄遠)이 18년 동안 운문 스님의 시자를 했는데,

그를 가르침에 다만 "원 시자(遠侍子)!"라고 부르면,
원 시자는 "네!" 하고 대답하였고,
운문은 "이 무엇인가(是什?)?"라고 말할 뿐이었다.
이렇게 하기를 18년 만에 어느 날 바야흐로 원 시자가 깨달으니,
운문은 "내가 지금 이후로 다시는 너를 부르지 않으리라"고 하였다.

앞에서 용성 스님의 질문에 전강 스님은 똑같이 "예!"라고 답변했지만, 용성 스님은 한번은 "틀렸다"고 했고, 한번은 "제 1구가 맞다"고 했다. 똑같이 한 입에서 나온 말이건만, 이렇게 맞고 틀린 차이가 벌어진 것은 과연 무슨 도리일까?

용성 스님은 '이 뭣고?' 화두의 열쇠인 이 물건 아닌 '한 물건[一物]'에 대해 이런 힌트를 주고 있다. "찾으면 더 멀리 도망하고 그냥 두면 여러분 앞에 있어 항상 손바닥 안에 머문다. 이것이 어떤 물건인가?"

진리의 당체(當體)를 직접 지칭하는 말인 '제 1구'는 그 무엇으로도 규정할 수 없고 정해진 바가 없는 '무유정법(無有定法)'인 동시에, 구하려고 하면 얻을 수 없는 '무소득법(無所得法)'이다. 하지만 찾지 않고, 갈망하지 않고,

원하는 바가 없으면(無願) 언제 어디서나 함께 하는 것이기도 하다. 그래서 바라제 존자는 이견왕에게 "성품(性品)은 작용하는 데 있다"며 불성(佛性)을 이렇게 풀이한 적이 있다.

눈에 있으면 보고, 귀에 있으면 듣고, 코에 있으면 냄새를 맡으며, 혀에 있으면 말을 하고, 손에 있으면 붙잡고, 발에 있으면 걸어다닙니다. 두루 나타나면 온 누리를 다 갖추고, 거두어 잡으면 한 티끌 안에 있습니다.

-『수심결』-

그러나 "아무개야!" 하고 부를 때, "예!" 하고 대답하는 이 작용에서 깨닫지 못하는 이유는 무엇일까? 화두 공부는 '모르는 게 약'일 때가 훨씬 많다.

용성③ _ 칼날 위의 길을 갈뿐

용성 선사가 제자인 고암(古庵) 스님에게 물었다.

"조주 무자(無字)의 10종병(十種病)에 걸리지 않으려면 어떻게 해야 하는가?"

"다만 칼날 위의 길을 갈 뿐입니다."

"세존이 영산회상에서 연꽃을 들어 보인 뜻은 무엇인가?"

"사자굴 속에 다른 짐승이 있을 수 없습니다."

"육조 스님이 '바람이 움직이는 것도, 깃발이 움직이는 것도 아니고 마음이 움직이는 것'이라 하였는데, 그 뜻은 무엇인가?"

"하늘은 높고 땅은 두텁습니다."

그리고는 고암 스님이 여쭈었다.

"스님의 가풍은 무엇입니까?"

용성 선사는 주장자를 세 번 내리치며 반문하였다.

"너의 가풍은 무엇이냐?"

고암 스님도 주장자를 세 번 내리쳤다.

무자 십종병이란 '조주 무자' 화두를 참구함에 있어서 가장 주의하여야 할 병통 열 가지를 말한다. 이는 조주 무자 화두가 모든 화두의 대표격이므로, 결국 이것은 화두 참구에 있어서의 열 가지 병통을 말한 것이라 해도 무리가 없다. 그 내용은 전적(典籍)에 따라 약간의 차이가 있지만 다음과 같이 요약할 수 있다.

① 유(有)와 무(無)의 알음알이를 짓지 말라.

② '없다'고 말한다고 해서 '참으로 없다'고 생각하지 말라.

③ 도리(道理)로써 이해하려고 하지 말라.

④ 의식으로 생각하거나 비교·분석하지도 말라.

⑤ 눈썹을 치켜올리고 눈을 깜박이는 데서(불법의 지혜 작용에서) 캐내려고 하지도 말라.

⑥ 문자나 말에서 살아갈 방도를 찾지도 말라.

⑦ 마음이 편안하다고 일없는 경지에만 안주하는 무사선(無事禪)에 빠져서도 안된다.

⑧ 화두를 들어 일으킨 곳을 향하여 알려 하지 말라.

⑨ 문자로써 이끌어 증명하지 말라.

⑩ 어리석음을 가져다 깨닫기를 기다리지 말라.

고암(1899~1988) 스님은 이러한 무자 10종병에 걸리지 않기 위해 화두 일념 속에서 잠시도 방심하지 않고 늘

'또렷또렷하고 고요고요하게(惺惺寂寂)' 칼날 위의 길을 걸을 뿐이라고 답한다. 세존의 '염화 미소(拈華微笑)' 공안에 대해서는 영산회상에는 법왕(法王)인 사자의 혈족들만 살고 있어서, 세존이 꽃을 드는 순간 곧바로 가섭이 이심전심으로 알아차린 것이라고 대답한다. 또 육조 스님의 '비풍 비번(非風非幡)' 공안에 대해서는 '하늘은 높고 땅은 두텁다'는 말과 같이 '눈앞에 보이는 그대로가 마음[目擊道存 觸目菩提]'임을 밝히고 있다. 이어 용성 스님과 고암 스님은 사자의 후손답게 똑같이 주장자를 세 번 내리치는 지혜 작용을 통해 가풍(家風)을 전한 바 없이 전하고 있다.

용성 스님의 질문에 한 치의 어긋남이 없이 또박또박 말대답하고 있는 고암 스님은, 그 스승의 그 제자답게 마침내 대선지식이 된다. 경기도 파주 태생인 고암 스님은 1918년 해인사에서 제산(霽山) 선사를 은사로 출가하여 1922년 용성 선사에게 구족계를 받았다. 스님은 혜월, 만공, 용성, 한암 스님등 대선사의 회상에서 25 하안거를 성만한 후 1938년 용성 스님으로부터 전법게를 받았다. 그 후 1967년 조계종 3대 종정에 추대됐으며 1970년 해인총림 2대 방장, 72년 4대 종정, 78년 6대종정, 80년 용성문장에 취임하여 불조(佛祖)와 스승의 은혜를 갚았다.

용성④ _ 무슨 물건이 이렇게 왔는고?

창수(昌洙: 인곡) 수좌가 망월사에서 용성 조실스님에게 삼배를 드리고 꿇어앉자마자, 용성 스님이 물었다.

"습마물(什麽物) 임마래(恁麽來)오?"

'무슨 물건이 이렇게 왔는고?' 하는 물음이다.

이에 창수 수좌는 주먹을 불쑥 내밀며 아뢰었다.

"임마물(恁麽物)이 여시래(如是來)니다."

'이러한 물건이 이렇게 왔습니다' 란 대답이다.

용성 스님은 만면에 웃음을 띠며 말했다.

"여시 여시(如是如是)니라."

'그렇다 그렇다' 하며 수긍한 것이다.

이전에 운문선원에서 호되게 방망이를 맞은 바 있는 창수 수좌는 큰스님이 당신을 기억 하시는지가 궁금해서 다시 이렇게 물었다.

"운문선원에서 빚진 것을 이제야 조금 갚아 드리게 되었습니다."

"응? 운문선원에서?"

"예. 제가 창수입니다."

"오! 그렇구나 만암 스님 생질이라 했던가?"

"예, 저의 외숙입니다."

"그래, 그래…."

용성 스님도 만감(萬感)이 교차하는지 잠시 말이 없었다.

"큰스님, 슬하에 거두어 주십시오."

"음… 그래야지…."

용성 스님은 붓을 당겨 창수 수좌에게 인곡당(仁谷堂)이라는 법호와 함께 '인곡당 창수 장실에 보임(示仁谷堂昌洙 丈室)' 이란 전법게를 일필휘지(一筆揮之)로 써내렸다.

"어진 마음이 천지를 감싸안으니[人心抱天地]

깊은 골짜기 또한 밝고 밝도다[玄谷又明明]

온갖 조화가 이에서 일어나니[造化從斯起]

영원토록 생멸하지 않도다[亘古不生滅]."

인곡(1895~1961) 스님은 23세에 사교입선(捨敎入禪)하여 밤과 낮을 가리지 않고 무자(無字) 화두와 씨름해 온지 9년만에 용성 스님의 인가를 받고 입실제자(入室弟子)가 된 것이다.

위 문답에서 용성 스님이 "무슨 물건이 이렇게 왔는고?" 한 질문은 육조혜능 스님이 남악회양 스님에게 던진 공안 그대로이다. 이에 대해 남악회양 스님은 "설사 한 물건이라 해도 맞지 않습니다" 라는 대답을 하여 인가를 받았고,

인곡 스님은 "이러한 물건이 이렇게 왔습니다" 라고 답하여 인가를 받았다.

회양 스님과 인곡 스님의 대답은 서로 다름에도 똑같이 인가를 받은 까닭은 무엇일까.

'이 뭣고?' 화두의 대상인 '한 물건(一物)'은 시간과 공간, 생과 사를 초월한 '그 무엇(거시기)'이기에 뭐라고 이름 붙이는 순간 맞지 않지만, 이름 붙이지 않고 쓴다(作用)면 또한 '거시기' 아닌 적이 없다. 깨달은 사람에게는 보고 듣고 쓰는 그 모든 것이 '거시기'이지만, 깨닫지 못한 이에게는 '그 무엇'이라고 말해도 맞지 않는 것이다.

모기 주둥이처럼 들이대는 알음알이를 내려놓고, '한 물건'에 대한 용성 스님의 법문을 가슴 깊이 새기며 있는 힘껏 참구해 보자.

이 물건은 육근(六根)으로 이뤄진(構造) 놈이 있든지 없든지 상관없이 항상 있다. 아는 것과 모르는 것이 상관 없이 항상 있으며, 공(空)하고 공하지 않은 것에 상관 없이 항상 있다. 허공은 없어져도 이 물건은 없어지지 않는다. 밝은 것은 무량한 일월로도 비준할 수 없고, 검은 것은 칠통과도 같다고 할 수 없다. 참으로 크도다. 천지세계와 허공을 다 삼켜도 삼킨 곳이 없다. 참으로 작은 것이다. 가는 티끌에 들어갔으되, 그 티끌 속에도 보이지 않는다. 이것이 무슨 물건인고? 하고 단지 의심하여 불지어다.

-『수심정로』-

용성⑤ _ 앉으면 일어서는 게 인과의 이치

어떤 사람이 용성 선사에게 물었다.

"금생에 인(因)을 지으면 다음 생에 과(果)를 받는다는 인과의 말씀은 믿기가 어렵습니다."

용성 선사가 말했다.

"자리에 앉으면 일어설 것이며, 섰으면 누울 것이고, 누우면 일어날 것이니 이것이 인과의 이치이다."

일부 수행자들은 불·보살이나 조사·아라한들은 무위법(無爲法)의 열반(涅槃) 세계에서 생사를 초월했다고 하고, 범부중생들은 생사윤회(生死輪廻)의 세계에 산다고 말한다. 그래서 깨달은 사람들은 중생과는 전혀 다른 삶을 살 것이라고 추측한다. 그러나 이것은 착각이다. 아무리 깨달은 성자라 해도 육신의 몸을 갖고 있는 한 중생과 똑같이 의식주를 해결하며 살아간다. 다만 의식주에 대한 집착이 없고 걸림이 없을 뿐이다. 즉 삼계속에 살면서도 삼계를 벗어난 자유인으로 사는 것이다. 그렇기에 성자들은 삼계의 자연법칙, 현상세계의 인과를 무시하지 않고 인과에 어둡지도 않는 것이다. 배가 고프면 밥을 먹고, 목 마르면 물 마시고, 졸음이 오면 자고, 날이 밝으면 일어나는 것이다.

이러한 '인과'를 주제로 한 선문답은 『종용록』 제 8칙에 '백장야호(百丈野狐)'라는 제목으로 실려있다.

대웅산에서 백장(720~814) 선사가 하루는 법상에 올라 대중 앞에서 법을 설하였다. 법문이 끝나 법상에서 내려오자 사람들이 다 돌아갔는데, 오직 한 노인만이 돌아가지 않았다. 백장 선사가 그 노인에게 무엇하느냐고 물었다.

노인이 대답하기를 "저는 본래 사람이 아니라 여우가 둔갑한 것으로 전생에는 원래 이곳의 조실(祖室: 선원을 이끄는 어른 스님)이었습니다. 어느 날 어떤 학인이 나에게 '크게 수행한 사람도 인과에 떨어집니까, 떨어지지 않습니까?' 하고 묻기에, 나는 '인과에 떨어지지 않는다[不落因果]'고 대답했습니다. 곧 이 대답으로 인하여 5백년 동안 여우의 몸을 받아 벗어날 길이 없습니다. 청컨데 스님께서는 자비심으로 가르쳐 주십시오."

백장 선사가 말했다.

"그대가 나에게 물어보아라."

노인이 물었다.

"크게 수행한 사람도 인과에 떨어집니까, 떨어지지 않습니까?"

"인과에 어둡지 않다[不昧因果]."

노인은 이 한마디 말에 크게 깨달았다.

그는 바로 감사의 예를 올리고 말했다

"이제 스님의 말씀을 듣고 제가 여우의 몸을 벗어났습니다. 저는 뒷산 바위 아래 있으니, 바라건대 스님께서는 절집의 법도에 따라 장례를 치루어 주십시오."

이튿날 백장 선사는 뒷산 바위 아래에서 죽은 여우 한 마리를 지팡이로 끄집어내어 절집의 법도에 따라 화장했다.

한 물건도 없는 본래자리는 선과 악, 옳고 그름, 시간과 공간 등 일체를 초월한 자리이다. 하지만, 현상세계에서 중생을 교화하는 깨달은 성자들은 결코 인과를 무시하지도, 인과를 초월하지도 않는다. 콩 심은 데 콩 나고, 팥 심은 데 팥 나는 인과에 어둡지 않아서 인과를 믿지 않고 함부로 몸과 입과 뜻으로 업을 짓는 행위를 하지 않는 것이다.

유리왕(琉璃王)이 석가족을 죽인 고사는 부처님도 피해갈 수 없는 인과의 실제를 여실하게 보여준다.

석가모니 부처님이 태어나시기 전에 카필라성에 한 어촌이 있었다. 그 어촌 안에는 큰 연못이 있었다. 어느 때 가뭄으로 연못물이 말라 연못 속의 고기들은 모두 다 그 마을 사람들에게 잡아 먹혔다. 마지막으로 남은 꼬리가 아주 큰 고기 또한 잡혀서 삶아져 죽었다. 마침 그때 과거부터 고기를 먹지 않던 어떤 소년이 이 큰 고기의 머리를 세 번 두드리며 장난을 쳤다.

후에 석가모니 부처님이 세상에 계실 때 파사익왕은 부처님의 가르침을 열렬히 믿어 석가족의 여자를 아내로 맞아 태자를 낳았는데, 이름을 유리(琉璃)라고 지었다. 유리가 어렸을 때, 석가족이 살고 있는 카필라성에서 공부했다. 하루는 부처님께서 앉는 자리에 올라가 놀다가 사람들의 꾸지람을 듣고 끌려 내려져 원망하는 마음을 품게 되었다. 후에 국왕이 되어서 군사를 거느리고 카필라성을 공격하여 성 안의 주민을 모두 살해했다. 그때 부처님께서는 3일간 두통이 있으셨다.

모든 제자들은 부처님께 법을 설하여 저들을 구제하기를 청하였으나, 부처님은 "결정된 업(業)은 돌이키기 어렵다"고 말씀하셨다. 목건련 존자는 신통력으로 부처님

친족 500인을 바루에 넣어 공중에 있게 하여 그들을 구출코자 했다. 그러나 바루를 내려놓으니 이미 모두 피로 변해 있었다.

모든 제자들이 그 이유를 부처님께 여쭙자, 부처님께서는 과거에 촌민들이 고기를 먹었던 일을 말씀하셨다. "그때의 큰 물고기는 현재의 유리왕의 전신이며, 그가 거느린 군대는 그 날 연못 속의 많은 물고기였고, 지금 피살된 카필라의 주민들은 그 때 고기를 먹던 사람들이었다. 나는 그 때의 소년으로 고기의 머리를 세 번 때린 원인으로 3일간 두통의 과보를 받았다. 결정된 업은 피하기 어려우므로 석가족 5백 사람은 비록 목련 존자에게 구출되었으나 생명을 잃고 말았다."

그후 유리왕은 산채로 지옥에 떨어졌다. 원한과 원한이 서로 갚는 것은 기한이 없고, 원인과 결과는 진실로 있는 것이니 가히 두려워해야 할 것이다.

만공대 :
덕숭산 수덕사 위쪽 능인선원 아래 산기슭에 위치한 만공대(滿空臺). 만공 선사는 이곳에서 종종 삼매에 들었다고 전한다. 바위에 새겨진 '滿空臺'라는 글씨 옆에는 '나가대정(那迦大定)'이란 글이 보인다. 나가대정은 행주좌와 어묵동정에 여여부동(如如不動)한 삼매 중의 삼매인 용(龍)의 삼매, 즉 왕삼매(王三昧)를 뜻한다.

원담선사

07 원담선사

원담진성(圓潭眞性) 행장

스님의 속명은 몽술(夢述), 법명은 진성(眞性), 법호는 원담(圓潭)이다. 1926년 전북 옥구에서 부친 김낙관(金洛觀)과 모친 나채봉(羅采鳳) 사이에서 태어났다. 어머니 나씨 부인의 꿈에 신승(神僧)이 이름을 지어주었다 하여 몽술이라 하였는데, 울지 않던 아이가 화주하러 온 스님의 목탁과 염불 소리를 듣고 그때부터 울음을 터트렸다고 한다.

스님은 견성암 비구니였던 이모를 따라 수덕사에 갔다가 7세 되던 1933년, 벽초 스님을 은사로, 만공 스님을 계사로 하여 사미계를 받았고, 1941년에 비구계를 받았다.

1970년대 초반까지 덕숭산 인삼밭에서 농사를 지은 스님은 "신도의 시주에 의지하는 것은 무위도식하는 것이나 다름없다"며 직접 농사를 지으며 참선하는 선농일치(禪農一致)의 백장 가풍을 솔선수범했다. 어려서부터 덕숭산 꼭대기의 전월사로 쌀과 물을 지어 나르던 스님은 "그 무거운 걸 짊어지고 다녀서 그런지 키가 크지 않았다"고 농담처럼 말할 정도로 아무 것도 거리낄 것 없는 천진한 도인의 풍모를 보인다.

농사와 참선을 병행하면서도 만공 선사를 모시고 수시로 점검을 받은 스님은 마침내 안목이 열려 스승으로부터 전법게를 받았다. 수덕사를 현재의 덕숭총림으로 지정하여 가람수호와 산중의 화합에 매진해 온 스님은 납자의 탁마(琢磨)에 때와 장소를 가리지 않고 자상하게 응대해 왔다. 특히 당대 최고의 선필(禪筆)로 소문난 스님의 글씨는 유명하다. 1986년 일본의 산케이 신문 주최 국제 서예전에서 대상을 받은 적이 있는 스님의 글씨를 받아가려고 전국에서 찾아올 정도였다.

원담 스님은 직접 만공 스님을 시봉하며 공부한 전법제

자로서 덕숭총림의 선맥을 오롯이 지켜왔다. 만공 스님은 벽초 스님과 원담 스님에게 '조국광복을 위한 1000일 기도'를 간월암에서 거행하도록 해 일제의 강제징용을 피하도록 했을 정도로 제자를 아꼈다. "기도가 끝나는 날 해방될 것"이라는 스님의 예언처럼 해방의 낭보가 전해졌고, 이러한 인연으로 결제 회향일이면 수덕사 수좌들은 간월암을 순례하고 기도를 올리고 있다.

만공 선사로부터 전법게를 받은 후 가행정진하던 원담 스님은 1970년 수덕사 주지로 취임해 덕숭총림의 기반을 다지기 시작했으며 1983년 총림의 위의를 갖춰 덕숭총림을 열었다. 이후 스님은 '만공법어집'을 발간하며 덕숭총림에서 면면히 이어져온 선풍을 계승하기 위한 수행에 힘써오다 혜암·벽초 스님에 이어 1986년 덕숭총림 3대 방장에 취임해 총림의 정신적 지주로서 수행가풍을 널리 펴는 역할을 다해왔다.

총림의 방장으로 주석하는 동안 수많은 수좌들을 제접하면서 1700 공안에만 매달릴 뿐 진정으로 공부한 수행자가 없음을 걱정하기도 했던 스님은 평소 "도인이라는 헛 껍데기 이름에 만족하지 말고 진실한 수행자가 될 것"을 후학들에게 주문하며 말보다는 실천행을 통해 가르침을 전해왔다.

동자스님 때부터 만공 스님의 일거수 일투족을 보며 무언(無言)의 가르침을 전수받은 원담 스님은 덕숭문중의 어른으로서 경허-만공으로 이어진 선풍을 드날리다, 2008년 3월 18일 오후 9시 경 수덕사 염화실에서 원적에 들었다. 세수 83세 법랍 76세.

원담 스님은 입적에 들기 전 문도들이 마지막 한 말씀을 청하자 "그 일은 언구에 있지 아니해, 내 가풍은 (주먹을 들어보이며) 이것이로다!"하고 마지막 법문을 설한 뒤,

來無一物來 올 때 한 물건도 없이 왔고
去無一物去 갈 때 한 물건도 없이 가는 것이로다.
去來本無事 가고 오는 것이 본래 일이 없어
靑山草自靑 청산과 풀은 스스로 푸름이로다.

라는 임종게를 남기고 원적(圓寂)에 들었다.

원담① _ '아야!' 하는 바로 그것이니라

수덕사의 비구니 암자인 견성암에 있던 이모를 따라 놀러왔다가 출가하게 된 원담 스님은 진성(眞性)이란 법명을 받고 만공 스님 옆에 앉아서 귀여움을 받았다.

아기스님 시절 원담 스님은 만공 스님을 찾아온 스님들과 선문답을 하는 모양을 옆에서 많이 본 터라 선문답을 하기도 전에 손가락 하나를 내밀며 "이 뭣꼬?" 하고 장난스레 묻곤 했다. 그러면 찾아온 스님들은 아기스님의 질문에 답을 할 수도, 안할 수도 없어 난처해했다.

그러던 어느 날 또 원담 스님이 법인가(法認可)를 받으러 온 스님 앞에서 만공 스님이 이야기를 꺼내기 전에 "이 뭣꼬?" 하고 손가락을 내밀자, 만공 스님은 원담 스님의 손가락을 꽉 깨물어 버렸다.

그러자 원담 스님이 "아야!" 하고 소리를 치니,

만공 스님은 빙긋 웃으며 "바로 그것이니라" 하고 대답했다.

만공 스님은 어린 제자에게 깨달음을 주기 위해 하루에 한 번씩 주장자로 머리를 내리치며 "네가 '아야!' 하는 그 놈이 무엇인지 알아내라"고 했는데, 어느 날 원담 스님이 "마음인 것 같습니다"고 답하자 미소를 지었다."

이 장면은 『무문관』 제3칙에 등장하는 '구지수지(俱胝竪指: 구지가 손가락을 들다)' 공안과 유사하다.

중국 당나라 때 구지 스님의 스승인 천룡 화상은 제자에 대하여 언제나 손가락 하나를 세우고 설법했으므로 '천룡일지두(天龍一指頭)의 선(禪)'으로 알려졌다. 구지 스님이 항상 구지(준제)관음주인 '나무 칠구지불모대준제보살'을 독송했으므로 구지가 되었다고 한다. 구지 스님도 스승에게 배워 일생동안 누가 찾아와도 단지 아무 말도 하지 않고 손가락 하나를 세워서 응대했다. 그래서 '구지 일지(俱胝一指)' 또는 '구지 일지선(俱胝 一指禪)'이라고도 한다.

그런데, 구지 스님과 함께 사는 동자가 스승이 없을 때 이를 흉내 내어 선객들이 찾아올 때면 손가락 하나를 세워 보이는 것이었다. 이런 상황을 들은 구지 스님은 동자를 불러 그 손가락을 잘라버렸다. 동자가 아파서 울며 도망가자 "동자야!" 하고 불러 세우고는 손가락을 세워 보였다. 동자는 자기 손가락이 없어진 것도 잊어버리고 손가락을 세우려고 했는데, 그 때 홀연히 깨쳤다고 한다. 구지가 손가락을 세운 것은 그 손가락에 의미가 있는 것이 아니고 거기에 선심(禪心)이 표현되어 있는 것이다.

구지일지(俱胝一指) 화두는 일지에 '일즉일체(一卽一切), 일체즉일(一切卽一)' 한 일다상즉(一多相卽)의 도리를 깨닫는 것을 안목으로 삼는다. 장자가 "천지일지, 만물일마(天地一指, 萬物一馬)"라고 한 심경과 유사하다. 깨달음의 차원에서는 '하나'가 그대로 일체이며, 소(小)가 그대로 대(大)이므로 천지의 대(大)도 일지(一指)와 다름없으며 만물의 다(多)도 일마(一馬)와 다름없다. 천지가 하나의 손가락이며 만물이 한 마리 말인 '하나'의 세계는 대립과 차별이 없는 무심(無心)·무아(無我)·일심(一心)의 경지이다.

만공 스님과 원담 스님의 선문답은 '구지일지' 화두처럼 손가락을 소재로 한 것은 유사하지만, 그 입각점은 다르다. 만공 스님은 어린 제자에게 '아야!' 하고 아프면 아픈 줄 알고, 아프다고 소리내는 그 당처를 깨닫도록 한 것이다. 이 문답을 깊이 이해하여 깨닫기 위해서는 '불성은 작용하는 데 있다'는 법문을 깊이 받아들여야 한다.

보조 국사는 『수심결』에서 불성 즉, 참마음[眞心]에 대한 이해를 돕기 위하여 『경덕전등록』에 나오는 이견왕과

바라제 존자의 대화를 소개하고 있다.

　바라제 존자가 불교에 대하여 부정적인 남천축의 이견왕을 교화하기 위하여 찾아가자 이견왕이 물었다.
　"어떠한 것이 부처입니까?"
　존자가 대답하기를 "견성을 하면 부처입니다."
　"대사는 견성하셨습니까?"
　"나는 불성을 보았습니다."
　"성품이 어느 곳에 있습니까?"
　"작용하는데 있습니다."
　"무엇이 작용이기에 나는 지금 보지 못합니까?"
　"지금도 작용을 하건마는 왕이 스스로 보지 못합니다."
　왕이 묻기를, "그러면 나에게도 있습니까?"
　존자 답하기를, "왕이 만일 작용을 하시면 불성 아님이 없거니와 왕이 만일 작용하지 않으시면 체(體)도 또한 보기가 어렵습니다."

　이어지는 이견왕과의 대화에서 바라제 존자는 우리의 육근을 통하여 불성이 출현하며, 아는 사람은 이를 불성이라 하지만 모르는 사람은 정혼(精魂)이라 한다고 깨우쳐

주고 있다. 이른바 보고 듣고 말하고 냄새 맡고 움직이는 등의 육근 작용이 곧 불성의 작용이라는 말이다. 불성은 곧 성품이요, 주인공이라고도 하는 '본래의 자기'이자 '본래 마음'이다. 본래 마음이 별도로 있고 비본래적인 거짓 마음이 따로 있다는 게 아니다. 우리의 마음이 본래 그러한 것인데, 우리가 미혹되어 잘못 알고 있을 뿐인 것이다.

원담 스님은 스승의 지팡이를 수시로 맞으면서 "아야!" 하고 반응하는 법거래를 통해 그것이 마음의 작용임을 알아차렸다. 만공 스님이 총명한 어린 제자를 귀여워하지 않을래야 않을 수 없었을 것이다.

말이 아닌 행동으로 성품(性品)을 곧바로 깨닫게 하는 이러한 대기대용은 선지식이 아니면 할 수 없는 방편이다. 시대가 변함에 따라 스승과 제자간의 존경과 믿음이 약해지고 선지식이 드문 요즘의 현실에서, 이러한 지도방식은 참으로 직접적이면서도 효과적인 교육방식임을 알 수 있다.

원담② _ 귀로 들으면 잘못 듣는 법문이니라

1939년 동안거 해제 때였다. 몽술(夢述: 원담의 속명) 행자가 만공 노스님께 나아가 절을 하니, 물었다.

"네가 누구냐?"

"몽술이라 합니다."

"이 곳에 무슨 일로 왔느냐?"

"노스님의 법문(法門)을 들으러 왔습니다."

"법문을 어디로 듣느냐?"

"귀로 듣습니다."

"귀로 들으면 잘못 듣는 법문이니라."

"그렇다면 어디로 듣습니까?"

하니, 노스님이 쥐고 있던 주장자로 행자의 머리를 한 번 '딱!' 때리고 묻기를,

"알았느냐?"

하고, 다시 한 번 더 때릴 기세로 주장자를 번쩍 들어 올렸다.

"알았다 하여도 이 주장자를 면치 못할 것이고, 알지 못하였다 하여도 이 주장자를 면치 못하리라. 속히 일러라."

행자가 머리를 만지며,

"아야! 아야!"

하니, 스님은 주장자를 내리고 박장대소(拍掌大笑)하였다.

몽술 행자는 훗날 만공 스님의 선문답에 사미나 시자로 자주 등장하는 진성(眞性, 혹은 眞惺) 즉 원담 스님이다. 이 문답은 하룻강아지 처럼 물정(物情) 모르는 행자가 덕숭산의 호랑이를 놀린 격이지만, 만공 스님은 오히려 손뼉을 치며 좋아하고 있다. 막 절에 들어온 어린 행자가 알고 모르고 하는 분별심을 떠나, "아야! 아야!" 하는 무심의 지혜작용을 드러낼 줄 아는 법기(法器)임을 확인했기 때문이다.

이 문답에서 만공 스님은 법문은 귀로 듣는 것이 아니라고 했다. 그렇다면 어디로 듣는다는 말인가? 흔히 '마음 땅'을 촉촉하게 적시는 '법의 비'를 심지법문(心地法門)이라 한다. 마음 땅에 뿌려진 불법의 씨앗을 싹틔우기 위해서는 학인의 '마음의 귀'가 열려 있어야만 선지식의 '마음 법문'이 진실하게 들린다는 것이다.

남악회양 스님은 마조 스님의 "도가 모습(色相)이 아니라면 어떻게 볼 수 있겠습니까?"라는 질문에, "심지법안

(心地法眼)으로 도를 볼 수 있으니 모습 없는 삼매도 그러하다"고 답했다. 마음의 눈으로 보지 않고서는 진리를 볼 수 없다는 가르침이다.

실제로 온갖 고정관념과 사량분별, 망상에 사로잡혀 있는 중생이 진리의 말씀을 진실 그대로 받아들이기란 쉽지 않다. 때문에 마조 스님은 "옷 입고 밥 먹으며 말하고 대꾸하는 6근의 작용과 모든 행위가 모조리 법성(法性)이다. 그러나 근원으로 돌아갈 줄 모르고서 명상(名相)을 좇으므로 미혹한 생각(情)이 허망하게 일어나 갖가지 업(業)을 지으니, 가령 한 생각 돌이켜본다면[返照] 그대로가 성인의 마음이다"(『마조록』)고 밝히고 있다.

따라서 진리의 법문을 바로 듣기 위해서는 개념과 분별심에 걸리지 않고 텅빈 마음이 되어야 함을 알 수 있다. 성철 스님은 "불교를 바로 알려면 바위가 항상 설법하는 것을 들어야 한다"고 말한 적이 있다.

부처님뿐만 아니라 세상 모든 것이 과거로부터 현재에 이르기까지 항상 설법을 하고 있다. 심지어 저 산꼭대기에 서 있는 바위까지도 법당에 계시는 부처님 보다 몇 백 배 이상의 설법을 항상 하고 있다. 그뿐 아니다. 모양도 없고 형상도 없고 보려고 해도 볼 수 없는 허공까지도 항상 설법을 하고 있다.

-『마음에 새겨듣는 성철 큰스님의 법문』-

이른 바 '무정물의 설법[無情說法]'을 알아들어야 한다는 것이다. 사람의 말이 아닌 주변의 풍경이나 사물이 드러내는 진실을 '무정설법'이라 한다. 그것은 의식으로 조작해서는 알 수 없는 진실의 세계이다. 쓸데없는 망상과 분별의식, 일체 관념이 사라졌을 때, 있는 그대로 보이고 들리는 것이 선(禪)의 세계이다.

'무정설법'을 보고 들을 수 있으면, 온 세상에 설법 안 하는 존재가 없고 불사(佛事) 아닌 일이 하나도 없음을 알게 된다. 소위 '곳곳에 부처가 있고, 매사가 불공(佛供) 아님이 없다'는 말이다. 마음의 눈을 뜨고 보면, 눈만 뜨이는 것이 아니라 마음의 귀도 열린다고 한다. 눈으로 소리를 보고, 눈으로 소리를 듣게 된다는 것이다. 물론 이 도리는, 유정(有情: 생명체)에 대해 무정(無情: 무생물)이 존재하고 있다거나 물질에 대해 마음이 있다거나 하는 이분법적 사고, 즉 사량·분별심에 머물러 있는 한 깨치기 어렵다. 마찬가지로 보는 놈과 보이는 대상이 따로 있다고 여기는 한, 석가모니불이 입멸한 뒤 56억 7천만년이 되는 때에 다시 사바세계에 출현한다는 미륵불이 나타날 때를 기다려도 알기 어렵다고 했다. 온갖 번뇌·망상을 비워버리고, 지금 당장 온 몸이 귀가 되어 무정설법을 들어보자.

원담③ _ 노스님, 차 한 잔 더 드세요

어느 날 만공 스님이 한가로이 앉아있을 때, 진성 시자가 차(茶)를 달여가지고 왔다.

스님이 말했다.

"아무 일도 않고 한가로이 앉아있는 내게, 왜 이렇게 차를 대접하는고?" 시자가 한 걸음 다가서며,

"노스님! 한 잔 더 잡수십시오."

하였다.

스님이 "허! 허?" 하고 웃었다.

이 문답은 유명한 조주 선사의 '끽다거(喫茶去: 차 드세요)' 공안의 한국판이라 할만하다. 『조주록』에는 다음과 같은 문답이 등장한다.

한 수좌가 절에 도착하자, 조주 선사가 물었다.

"여기에 처음 왔는가, 아니면 온 적이 있는가?"

"온 적이 있습니다."

"차나 마시게."

조주 스님이 또 다른 수좌에게 같은 질문을 하니,

그가 "온 적이 없습니다" 라고 하자,

조주 선사는 또 "차나 들게" 라고 하였다.

뒤에 원주(院主) 스님이 의심이 나서 조주 스님께 물었다.

"왜 온 적이 있다 해도 차를 마시라 하고, 온 적이 없다 해도 차를 마시라고 했습니까?"

조주 스님이 말했다.

"자네도 차나 한잔 마시게."

이처럼 조주 선사는 세 명의 스님에게 똑같이 "차나 들게나"라고 말했다. 이것은 선사가 상대적인 분별의식을 끊은 깨달음의 절대경지에서, 이리 저리 찾고 구하는 치구심(馳驅心)을 내려놓도록 이끄는 법문이다. 이 절, 저 절 찾아다니며 불법이 무엇이고, 선(禪)이 어떤 것인가를 찾아 헤매는 망상과 집착을 맑은 찻물로 씻어내리는 시원한 화두인 것이다.

만공 스님이 차를 마시면서, '끽다거' 공안을 화제(話題)로 제자의 기량을 시험하자, 원담 시자는 조금의 망설임도 없이 "한 잔 더 잡수십시오" 라고 응대한다. '끽다거' 화두에 대해 요리조리 알음알이를 내어 대답하는 순간, 한 잔의 차는 어느 순간 독주가 되고 만다. 물론 조주 스님의 대답을 앵무새처럼 흉내낸다면 더욱 어긋나고 만다. 찻자리에서 한 잔의 차를 사이에 두고 주고 받음 없이 차를 올리고 받는 무심의 거래(去來)가 아니고서는 이런 자연스러운 응대가 즉각적으로, 생각의 개입 없이 나오기 어려운 것이다.

이 문답에는 '끽다거' 공안과 함께 '일없이 한가한 도인[無事閑道人]'의 경지가 어떤 지를 엿볼 수 있는 장면이 숨어있다. 만공 스님은 스스로 '일도 없이 한가로이 앉아있는[不勞而閑坐]' 무사인(無事人)임을 자임하고 있는 것이다. 행여나 말따라 가서 '빈둥빈둥 노는 노인네'라고 오해하면 안된다.

'무사(無事)'는 보통 평온하다, 일이 발생하지 않는다, 할 일이 없다, 문제가 없다, 건강하다 등의 뜻인데, 선에서의 의미는 그와 다르다. 임제 선사가, "구하는 마음을 쉬면 바로 무사"라고 했듯이, '밖을 향해 구하는 마음(치구심)'이 없는 것을 '무사'라고 한다. '무사'는 적정의 경지이며 본래 진실한 자기(眞己)로 돌아가서 평안한 마음상

태인 것이다.

사실, '치구심'을 없애는 것이 부처(본래 순수한 자기)가 되기 위한 가장 중요한 전제조건이다. 사람은 태어나면서 본래부터 완전한 불성을 갖추고 있음에도, 그것을 잊고 자기 밖에서 부처나 조사나 도를 구하고자 애쓰기에 더욱 갈망은 커질 수 밖에 없다. 그래서 임제 선사는 "무사(無事)가 바로 귀인이다. 밖으로 구하지 말라. 다만 조작하지만 말라"고 했던 것이다. 『능엄경』에는 멀쩡한 자기 머리를 두고 머리를 찾아 헤매는 연야달다의 이야기가 등장하듯이, 사람들은 자기가 본래 소유하고 있는 것을 알지 못하고 늘 밖을 향해 끊임없이 구하고 있다. 이 때문에 임제 선사는 "그대여, 만약 염념에 치달리는 마음을 쉬면 곧바로 불조와 다름 없다"고 강조했다.

"부처와 조사는 바로 무사인(無事人)"이라는 임제 선사의 말을 깊이 믿고서 깨달음을 구하고, 원하고, 바라면서 잠시도 쉬지 못하는 망상과 분별심을 쉬어 보자. 깨달음을 구하고, 원하고, 바라는 '최후의 갈망'마저 쉬어야 비로소 참된 수행의 길로 들어섰다고 볼 수 있다.

원담④_ 어느 것이 진짜 등불인가?

어느 날 만공 선사가 창가의 등불을 가리키며 진성 시자에게 말했다.
"이 등불과 창문에 비친 등불 가운데 어느 것이 진짜 빛이냐?"
시자가 훅! 하고 불어서 끄고 말했다.
"노스님, 이제는 어떻게 하시겠습니까?"
만공 선사는 아무 말없이 꺼진 등불을 들어 보였다.

참선 수행자들의 필독서인 『신심명』에서 3조승찬 대사는 "두 견해에 머물지 말고 삼가 좇아가 찾지 말라. 잠깐이라도 시비를 일으키면 어지러이 본 마음을 잃으리라. 둘은 하나로 말미암아 있음이니 하나마저도 지키지 말라"고 당부하였다.

여기서 두 가지 견해는 즉 양변의 변견(邊見)을 말한다. 이 변견만 버리면 모든 견해도 따라서 쉬게 된다. 그러므로 양변에 머물러 선과 악[善惡], 옳고 그름[是非], 미워하고 사랑함[憎愛], 주관과 객관[能境] 등 무엇이든지 변견을 따르면 진여자성은 영원히 깨닫지 못하게 된다. 잠깐 시비가 생기면 자기 자성을 근본적으로 잃어버린다는 뜻이다. 승찬 대사는 "자기의 진여자성을 구하려고 하지 말고 망령된 견해만 쉬면 된다"고도 했는데, 그 '망령된 견해'란 곧 양변이라고 하는 분별심이다. 조사스님들이 "진여자성을 바로 깨쳐 무상대도를 성취하려면 시비·분별심부터 버려야 한다"고 거듭 강조하는 것도 이 때문이다.

그러나 이제, 둘은 버리고 하나를 취하면 되지 않겠느냐고 생각하기 쉽다. 하지만, 두 가지 변견은 하나 때문에 나며 둘은 하나를 전제로 하고 있다. 때문에 그 하나마저도 놓아버려라, 곧 중도마저도 버려라 하는 것이다. 중도가 따로 존재하듯이 있는 것이 아니라, 양변을 떠나서 융통자재한 경지를 억지로 표현해서 하는 말이기 때문이다.

위 선문답에서 만공 스님이 제시한 진짜 등불과 창문에 비친 등불은 본래 하나에서 비롯된 것이지만, 그렇다고 하나라고 할 수도 없고 둘이라고 할 수도 없다. 이른바 둘도 아니요 하나도 아닌 '불이불일(不二不一)'의 중도적인 관계를 암시하고 있다. 본래의 거울과 창문에 비친 거울은 원래 하나에서 비롯되었지만, 하나마저도 지킬 것이 아니다. 그래서 만공 스님이 꺼진 등불을 들어보인 것은 그야말로 '본래 한 물건도 없는[本來無一物]' 경지를 직접 보여주는 살아있는 법문이 아닐 수 없다.

물론, 진짜 등불과 창문에 비쳐진 등불은 주관과 객관이란 대표적인 양변으로 상징할 수도 있다. 승찬 대사는 『신심명』에서 주관과 객관으로 나눠진듯한 이 세계를 어떻게 봐야 하는지를 명확하게 밝히고 있다.

주관[能]은 객관[境]을 따라 소멸하고 객관은 주관을 따라 잠겨서
객관은 주관으로 말미암아 객관이요 주관은 객관으로 말미암아 주관이니
양단(兩段)을 알고자 할진댄 원래 하나의 공(空)이니라.
하나의 공은 양단과 같아서 삼라만상을 함께 다 포함하여
세밀하고 거칠음을 보지 못하거니 어찌 치우침이 있겠는가.

이 법문에서 능(能)은 주관을, 경(境)은 객관을 말한다. 주관은 객관을 따라 없어져 버리고 객관은 주관을 좇아 흔적이 없어져 버린다는 것이니, 주관이니 객관이니 하는 것이 남아 있으면 모두가 병통이라는 의미다. 또한 주관이 없으면 객관이 성립하지 못하고 객관이 없으면 주관이 성립하지 못한다는 말이다. 하지만 주관이 객관을 인식하

여 분별하는 순간 이견(二見), 즉 분별심의 소용돌이를 일으킨다.

결국 주관이니 객관이니 하는 두 가지의 뜻을 알고자 한다면 원래 전체가 한 가지로 공(空)하였음을 알아야 한다는 것이다. 이에 대해 성철 스님은 『신심명 강설』에서 중도의 도리를 자세히 설명하고 있다.

주관도 객관도 찾아 볼 수 없는 것이 근본 대도인데. 주관과 객관을 따라간다면 모두가 생멸법이 되고 만다. 그러므로 이 모두를 버려야만 대도에 들어가게 되는데, 양단이 모두 병이고 허물이므로 이것을 바로 알면 전체가 다 공(空)하더라는 것이다. '공하다'는 것은 양변을 여읜 동시에 진여가 현전한 것을 말한다. '공했다'고 하여, 아주 텅 비어 아무 것도 없는 줄로 알아서는 크게 어긋나니, 이는 단멸의 공(斷空)에 빠져 버린다. 하나의 공이 양단과 같아서 두 가지가 다 마찬가지라는 말이다. 즉 하나의 공이란 차(遮)로서 부정을 말하고, 양단과 같다는 것은 조(照)로서 긍정을 말한다.

'양단을 버리면 하나의 공이 된다'라는 것은 양단을 부정[雙遮]하는 동시에 양단을 긍정한다[雙照]는 말이다. 다시 말해서 둘을 버리고 하나가 되면 그 하나가 바로 둘이라는 것이다.

이처럼 하나의 공이 둘과 동일하게 원융무애하므로 완전히 쌍차쌍조(雙遮雙照)가 되었다. 따라서 일체의 삼라만상이 하나의 공 가운데 건립되어 있다고 하는 뜻이 된다. 결국 우리가 변견을 떠나 자성을 깨치고 중도를 성취하면 쌍차쌍조(雙遮雙照)의 차조동시(遮照同時)가 되어 삼라만상과 항하사와 같은 미묘한 작용이 여기에 원만구족하게 된다는 것이다.

그러므로 공(空)이라 해서 아무 것도 없는 텅 빈 것으로 이해해서는 안된다. 일체가 원만구족한 것을 공이라 하며 공이 또 공이 아니어서(不空), 일체 삼라만상이 여기에 포함되어 있다. 하나의 공이 양단과 같으므로 일체 삼라만상 그대로가 중도 아님이 하나도 없다. 돌 하나 풀 한 포기까지도 중도(中道)아님이 없으므로, 사사무애(事事無碍)한 법계연기(法界緣起)의 차별이 벌어지게 되어서 삼라만상을 다 포함하는 것이다. 누구든지 세밀함과 거칠음에 기우는 편당(偏黨)이 조금이라도 남아 있으면 '하나의 공이 양단과 같아서 삼라만상을 다 포함한다'는 도리는 절대로 볼 수 없게 된다.

고봉원묘 선사는 등불을 비춘 창문처럼, 사물을 있는 그대로 비추어내는 거울을 마음의 이치에 비유하였다. 그는 "도를 배우는 마음은 '밝은 거울[明鏡]' 같으니, 가는 티끌에 조금 물들어도 문득 모습 잃느니라. 툭 터져서 본래 모습 비추어 내면 한 줄기 푸른 연기 푸른 산을 덮도다"라고 노래하였다. 마음공부를 하는 수행자는 무엇보다도 진여일심의 체(体)와 용(用)이 밝은 거울과 같은 줄을 실감해야 할 것이다.

원담⑤_ 유정·무정이 모두 성불하였다

만공 스님이 하루는 옛날 중국의 서봉묘(西峰妙) 화상의 법문을 들어다가 이르되, "'유정·무정이 다 부처를 이룬다'고 하니, 한 마디 일러라. 대중은 어찌 하겠는가?" 하였다.

이때 대중 가운데서 진성 사미가 나와 "구정물 바가지 두 개나 됩니다" 하였다.

스님이 "그러면 그 구정물 바가지를 너는 어떻게 하려느냐?"고 말하자,

진성이 큰 소리로 한번 할을 하니,

스님이 주장자로 머리를 한 번 때렸다.

진성이 예배하고 물러서니,

스님이 이르되, "이것으로 좇아 종문(宗門)의 정안(正眼)을 경홀치 말라" 하였다.

『인천안목』에 '고송담반야 유조농진여(古松談般若 幽鳥弄眞如)'라는 시가 있다. '늙은 소나무가 반야를 설하고, 숨어있는 새들이 진여를 희롱한다'는 뜻이다. 여기서 반야는 번뇌·망상을 여윈 깨달음의 지혜를 말하고, 진여는 상주불변하는 존재의 실상[法性]을 말한다.

이 구절은 솔바람 소리나 지저귀는 새소리 등 귀에 들어오는 모든 소리는 부처(진리)의 현성(現成)이며 설법의 소리라는 의미이다. 그래서 천지간의 사물은 모두 존귀한 부처의 모습이며 부처님의 설법이 된다. 깨달음의 경지에서 보면 두두물물(頭頭物物)이 모든 존재가 부처 아닌 것이 없으며 설법의 음성 아닌 것이 없다는 것이다.

송대의 문호로 『동파선희집』을 지은 소동파(1036~1101) 거사가 깨달음의 심경을 서술한 다음의 시는 무정(無情)이 설법한다는 이른바 '무정설법'을 대표하는 선시다.

시냇물 소리는 바로 부처님의 장광설[溪聲便是長廣舌]
산색(山色)이 어찌 청정법신이 아니겠는가[山色豈非淸淨身]
밤이 되니 팔만사천 게송이나 되는 것을[夜來八萬四千偈]
다른 날 다른 사람에게 어찌 전할 수 있으리[他日如何擧似人]

소동파는 송나라 고승인 동림상총 선사나 불인요원 선사에게 참문하여 수행한 거사이다. 이 시는 동림 선사에게 초목과 같은 무정물이라도 유정(有情)의 인간처럼 설법한다는 '무정설법'이란 화두를 받아 공부를 거듭하여 마침내 깨닫고 그 경지를 드러낸 시이다.

만공 스님이 제시한 '유정·무정이 다 부처를 이룬다'는 공안은 『열반경』의 '일체중생 실유불성(一切衆生 悉有佛性)' 사상과 맥을 같이 하는 법문이다. 『열반경』은 "모든 중생에게는 부처의 성품(불성)이 있으나 무명에 뒤덮여 있어 해탈하지 못하고 있을 뿐"이라고 설하고 있는 것이다.

일본의 도원(道元) 선사는 '일체중생 실유불성'의 의미를 '일체중생 모두에게 불성이 있다'고 해석하지 않고, '일체중생 모두가 불성이다'라고 보다 적극적으로 해석한다. 불성이 중생에게 내재하고 있는 것이 아니라 모든 존재하는 것의 실상 그대로가 불성의 나타남이라고 보는 것이다. 결국 조동종 선사인 도원 선사는 '현실 그대로가 공안'이라는 현성공안(現成公案)의 입장에서 불성을 제법의 실상(實相)이라고 파악한 것이다.

만공 스님이 제시한 유정과 무정은 일체중생을 말한 것이기에, '유정·무정이 다 부처를 이룬다'고 하는 말이 틀린 말은 아닐 것이다. 그럼에도 원담 스님은 '유정이 부처가 된다'는 말도, '무정이 부처가 된다'는 말도 구정물처럼 쓸데 없는 말이 아니냐고 자기 목소리를 내고 있다. 유정·무정이 부처가 되는 것이 아니라 '유정과 무정이 있는 그대로 부처'인데, 구지 '부처가 된다'고 하는 군더더기를 붙일 것이 없다는 뜻이 아닐까.

제자의 당찬 문제제기를 수긍한 만공 스님은 '그럼 자네의 그 구정물은 어떻게 할 것이냐?'고 되묻는다. 이에 진성 사미는 일체의 개념과 분별심을 비워버리는 '할'로 구정물을 씻어내려고 하지만, 만공 스님은 '할' 마저도 구정물이라며 주장자로 때려부수고 있다. 이로서 '일체중생 실유불성'을 제시한 상당 법문은 군더더기 없이 더욱 생생하게 되살아난 느낌이다.

부록

경허선사 어록

오도가 悟道歌

사방을 돌아보아도 사람이 없어 의발을 누구에게 전하랴,

의발을 누구에게 전하랴.
사방을 돌아보아도 사람은 없어,
봄 산에 꽃이 활짝 피고 새가 노래하며,
가을 밤에 달이 밝고 바람은 맑기만 하다.

정녕 이러한 때에 무생(無生)의 일곡가(一曲歌)를 얼마나 불렀던가?
일곡가를 아는 사람 없음이여, 때가 말세더냐.
나의 운명이던가.

또한 어찌하랴
산 빛은 문수의 눈이요, 물 소리는 관음의 귀로다.

"이랴 쯔쯧!" 소 부르고 말 부름이 곧 보현이요,
장(張) 서방, 이(李) 첨지가 본래 비로자나毘盧蔗那로다.
불조(佛祖)가 선(禪)과 교(敎)를 설한 것이 특별한 게 무엇이었던가. 분별만 냄이로다.

석인(石人)이 피리 불고, 목마(木馬)가 졸고 있음이여.
범부들이 자기 성품을 알지 못하고,
말하기를 "성인의 경계지 나의 분수가 아니다"라 한다.

가련하구나!
이런 사람은 지옥의 찌꺼기밖에 못됨이로다.

나의 전생 일을 돌이켜 생각해 보니, 4생(四生: 생물이 태어나는 네 가지 형태인 태胎, 난卵, 습濕, 화化) 6취(六趣: 중생衆生이 업인業因에 따라 지옥, 아귀, 축생, 아수라, 인간, 천상 등 여섯 곳으로 나는 6도六道) 그 험난한 길에 오랜 세월 돌고 돌아 신고(辛苦)를 겪음이 금생에 와서 눈앞에 대한 듯 분명함이라, 사람으로 하여금 차마 어찌하랴.

다행히 숙연(宿緣)이 있어 사람 되고 장부 되어, 출가하고 득도(得道)하니, 네 가지 얻기 어려운 가운데 하나도 모자람이 없도다.

어떤 사람이 희롱해 말하기를, "소가 되어도 고삐 뚫을 구멍이 없다"함을 인해서 그 말 아래 나의 본래 면목을 깨닫고 보니, 이름도 공하고, 형상도 공하여, 공허한 허적처에 항상 밝은 빛이여.

이로부터 한 번 들으면 천 가지를 깨달아 눈앞에 외로운 광명이 적광토(寂光土: 부처님의 대각大覺 경지境地)요, 정수리 뒤에 신비한 모습은 금강계(金剛界: 만적이 대적 못할 무적의 제왕 금강신金剛神)로다.

4대(四大: 물질계를 구성하는 지地 수水 화火 풍風 등 4대 원소元素) 5음(五陰: 오온五蘊, 오중五衆, 오취五聚라

고도 하며 생멸하고 변화하는 색色 수受 상想 행行 식識 등 5종으로 구분한다)이 청정한 법신이요,

극락 국토가 확탕(鑊湯)지옥 한빙(寒氷)지옥이고, 겸하여 화장찰회(華藏刹會)가 금수(金樹)지옥과 도산(刀山)지옥이며,

법성토(法性土)가 썩은 거름 무더기며, 똥 무더기요, 대천 세계가 개미구멍, 모기 눈썹이요,

3신(三身: 법신法身 보신報身 응신應身 등 세 불신佛身) 4지(四智: 모든 부처가 불과佛果에 이르러 갖추는 네 가지 지혜로 대원경지大圓鏡智 평등성지平等性智 묘관찰지妙觀察智 성소작지成所作智를 일컬음)가 허공 및 만상이니, 눈에 띄는 대로 본래 천진 면목이로다.

또한 크게 기특하고, 크게 기특하도다.

시원한 솔 바람이여, 4면이 청산이로다.
가을달 밝은 빛이, 한결같은 하늘과 물이여.

노란 꽃, 푸른 대, 꾀꼬리 소리, 제비 재잘거림이 항상 그대로 대용(大用)이어서 어느 곳에 드러나지 않음이 없도다.

시문 천자(市門天子)가 무엇이 특별히 귀할까 보냐?

모름지기 평지 위의 파도요, 구천의 옥인(九天의 玉印 : 아득한 하늘에 도장 찍듯 한 물건의 형적도 없음)이로다. 참으로 괴이하도다.

해골 속 눈동자여, 한량 없는 불조가 항상 앞에 나타남이여, 초목 기왓장과 자갈이 곧 화엄(華嚴) 법화(法華)로다.

내가 늘 설하노니,

가고 머물고, 앉고 누움이 곧 이것이며,

부처도 없고, 중생도 없는 것이 곧 이것이로다.

내가 거짓을 말하지 않노라.

지옥이 변하여 천당을 지으니, 다 나의 작용에 있으며,

백천 법문과 무량 묘의(無量妙義)가 마치 꿈에 연꽃이 핀 것을 깨달음과 같도다.

2변(二邊: 유有와 무無)과 3제(三際: 과거 현재 미래)를 어느 곳에서 찾으리.

시방세계가 안팎 없이 큰 광명 덩어리 하나뿐이로다.

일언이 폐지하고, 내가 큰 법왕(大法王)이 되었음이로다.

저 모든 법에 다 자재함이니,

옳고 그르고, 좋고 나쁘고 어찌 걸림이 있을까 보냐.

어리석은 사람이 이 말을 들으면 내가 헛소리를 한다 하여 믿지 않고, 또 따르지도 않을 것이다. 만일 귀 뚫린 사람이 있어 자세히 믿어 의심이 없으면, 문득 안신 임명처(安身立命處)를 얻으리라.

문득 진세인(塵世人)에게 말을 붙이노니, 한 번 사람의 몸을 잃으면 만겁(萬劫)에 만나기 어려움이니, 하물며 또 한 뜬 목숨이 아침에 저녁을 꾀하지 못함이로다. 눈 먼 당나귀가 믿고 가다가, 안전하고 위태로움을 다 알지 못하는구나. 저것도 이러하고 이것도 이러함이니, 어찌하여 내게서 무생법(無生法)을 배워 인천(人天)의 대장부가 되려 하지 않는가?

내가 이와 같은 까닭에 입을 재삼 수고로이 하여 부촉하노니, 일찍이 방랑자가 되었기에 치우쳐 나그네를 불쌍히 여기노라.

슬프다. 어이하리! 대저 의발을 누구에게 전하리? 4방을 돌아보아도 사람이 없구나. 4방을 돌아보아도 사람이 없으니, 의발을 누구에게 전하리.

송(頌)하기를

홀연히 사람에게서 고삐 뚫을 구멍 없다는 말 듣고
몰록 깨닫고 보니 3천 대천세계가 이내 집일레.
6월 연암산 아랫길에
들 사람 일이 없어 태평가(太平歌)를 부르네.

하였다.

진흙소의 울음 泥牛吼

대저 참선하는 이는 첫째로 무상이 신속하고, 생사의 일이 큰 것임을 두려워해야 한다.

그러므로, 옛사람이 이르기를 "오늘은 비록 보존하나 내일은 보존하기 어렵다"고 하였으니 정신을 바짝 차리고 조금도 방일함이 없어야 한다.

다음에는 온갖 세상일에 조금도 간섭하는 뜻이 없이 오직 적연 무위(寂然無爲)해야 할 따름이다.

만약 마음과 경계가 서로 부딪쳐서 섶나무에 불이 타는 것 같이 번잡스럽게 세월을 보내 버리면, 이것은 특히 화두

드는 공부에 방해로울 뿐 아니라 검은 업보만 더할 뿐이다.

　가장 요긴한 일로는 모든 세상사에 뜻이 없게 하고, 마음에 일이 없게 한 즉, 마음의 지혜가 자연 맑고 빛나 일체 만사가 다 마음을 따라 이루어지는 것이니, 선행으로 천당에 나고, 악행으로 지옥에 나타나며, 포악하면 범과 이리가 되고, 어리석으면 지렁이와 곤충이 되며, 가볍고 바쁜 것은 나비로 나타나나니, 그러므로 옛사람이 이르되 "다만 한 생각이 잘못됨으로써 만 가지 형상으로 나타난다" 하였다.

　대저 그 마음을 텅 비워서 깨끗하고 순일하여 흔들리지도 않게 하고, 혼미하지도 않게 해서 허공과 같이 훤칠히 하면 다시 어느 곳에서 생사를 찾으며, 어느 곳에서 보리(菩提)를 찾으며, 어느 곳에서 선과 악을 찾으며, 어느 곳에서 계(戒)를 지니고 범하는 것을 찾겠는가?

　다만 이 활발하고 역력히 밝아 근원에 사무치면, 생함에 따르지 아니하고, 괴멸해 없어져도 없어지는데 따르지 아니하며, 부처도 작(作)하지 아니하며, 조사도 작하지 아니

하며, 크게는 모래 수 같은 세계를 둘러싸고, 작게는 가는 티끌에 들어가며, 또한 능히 부처며, 능히 중생이다.

또 크고 작음도 아니며, 모나고 둥근 것도 아니며, 밝고 어두운 것도 아니어서 자재 융통함이 이렇게 철저하여 조금도 강제로 만들어 내는 도리가 아니다, 대저 이 현묘한 문을 참구하는 이는 늘 그 참구하는 마음을 반조하고 힘써서, 성성하고 밀밀하여 간단함이 없이 하며, 참구하기를 지극히 간절히 하여 참구한다는 마음조차 다하여 없는 데 이르러서 홀연히 마음 길이 끊어져 근본 생명자리에 이르게 되면 저 본지풍광(本地風光)이 본래부터 구족하여 뚜렷한 경지라, 모자랄 것도 없고, 남는 것도 없나니, 이러한 때에 이르러서 백천 일월이 시방세계(十方世界)에 밝게 빛나며, 귀에 부딪힐 때에는 짠 바다의 풍랑 소리가 수미산(須彌山)을 치는 것도 일부러 함이 아니다. 이 도리가 다만 지극히 가까와서 사람이 스스로 체험해 알려고 하지 않는다.

무릇 현현한 이치를 참구하는 이가 그 착실히 참구하는 반조 방법을 알아 얻을 것 같으면, 분명히 마음자리의 형용을 자세히 살펴 낼 것이고, 아무렇게나 마음을 써서 행하지 말 일이다. 행하는 공이 익어지면 실상의 이치가 절로 드러나리라. 태고 화상(太古和尙)이 이르기를 "화살을 쏘자 돌을 뚫는다" 하였고, 청허 화상(淸虛和尙: 서산대사)이 이르기를 "모기가 쇠소(鐵牛) 등어리를 뚫는 것과 같이, 부리가 들어갈 데가 없는 곳에 온몸으로 사무쳐 들어가라" 하였으니, 화두를 참구하는 이는 마땅히 이 말로써 지침을 삼을 일이다.

만약 일용의 만행(萬行)을 논하자면
가슴 속이 비고 밝아서 아무것도 없으며,
육근(六根)이 텅 비어서 다만 너그럽고 빈 자리가 바로 이 보시(布施)며,
다만, 저 깨끗하고 말쑥한 것이 곧 이 계를 지니는 것(持戒)이며,
다만, 이 비고 부드러운 것이 이 욕됨을 참음(忍辱)이며,
다만 저 본래 밝은 것이 항상 드러나서 어둡지 않음이 곧 정진(精進)이며,
다만 저 밝고 고요하여 어지럽지 않은 것이 곧 선정(禪

定)이며,

　다만 저 밝고 고요하여 분명하여서 법을 가려내어 공(空)을 관(觀)하되 본래 스스로 어리석음이 없으며,

　모든 법을 분별하되 움직이지 아니하며,

　이렇게 세간(世間)으로 수순(隨順)하되 걸림도 없고, 막힘도 없는 것이 문득 이 지혜(智慧)다.

　그러므로, 달마 대사(達磨大師)께서 이르기를 "마음 보는 한 법이 일체 행을 다 섭(攝)하였다" 하셨다. 다만 그 뿌리와 목체를 잘 배양할지언정 그 가지와 잎이 번성치 않음을 근심하지 말라.

　다만 견성성불을 할지언정, 부처님의 신통 삼매가 없다고 걱정하지 말라. 요새 사람들은 다분히 진실하고 바르게 닦아 가는 참학을 다하지 못함이라. 본색 납자(本色衲子)가 저 불법 가운데 법의 이치를 밝히지 아니하고, 도의 안목도 진실치 못하여 도무지 갈림길에 염소를 잃은 것같이 마치 취한 듯 꿈꾸는 듯 일생을 헛되이 지내 버리나니, 슬프다.

　동산 화상(洞山和尙)이 이른바 "가사(袈裟) 아래 사람의

몸을 잃는 것이 괴로운 것이다" 함이 이것이다.

　대저 길 가는 사람에게 첫 발길이 바르지 못하면 천리 먼 길을 공력만 허비하므로, 길 떠나지 않은 것만 같지 못함이니라.

　그러므로, 규봉(圭峯) 선사가 이르기를 "결택(決擇)하기를 분명히 하고, 이치를 깨달아 닦을지니라" 하였다. 대저 3간 모옥(茅屋)을 일으키고자 하더라도 만일 먹줄 치고 자귀로 깎아 내고 자로 재는 일의 공력을 드리지 않으면 성취하지 못하나니, 하물며 원각의 큰 절(圓覺大伽藍)을 조성하는데, 그 조성하는 이치대로 하지 않고 어찌 성공하겠는가.

　작은 일을 하고자 하는 데도 잘못되어 이루지 못할까 두려워하여 그 이치를 생각해 얻을 것이다. 그렇지 못한 이는 선지식(善知識)에 물으며, 물어도 모르거든 다시 슬기로운 명안 종사(明眼宗師)를 찾아서 기어이 잘못되지 않도록 할 것이다.

현묘한 도에 나가고자 하는 이들 거개가 함부로 소홀히 하여 그 견해를 자세히 결택하지 않고 공부하는 경우에 이와 같은 데 거꾸러지지 않는 이를 보지 못하였고, 이렇게 하고서 실패하지 않는 사람이 드물 것이다.

슬프다. 어찌 경계하지 않으랴.

대저 무상(無常)을 경계하고 큰일을 깨달아 밝히고자 하는 사람으로, 급히 스승을 찾지 아니하면 장차 어찌 그 바른 길을 얻겠는가.

泥牛吼

夫叅禪者, 第一怕怖着, 無常迅速, 生死事大.
故, 古人, 云, 『今日雖存, 明亦難保, 緊緊念着.』少無放逸.
次於一切世事, 闊若無些少干意, 寂然無爲, 乃可耳.
若乃心境, 相蕩, 如薪火相交, 紛紛汨汨, 過了歲月, 此非特有妨於擧話分上, 而黑業, 漸增矣.
最要的, 無心於事, 無事於心則, 心智自然淸瀅, 萬類皆隨心造作, 作善, 生天堂, 作惡, 現地獄, 旋惡, 成豺狼, 愚蠢, 作蚯蚓, 輕忙, 就蝴蝶, 故, 古人, 云,『只因一念差, 現出萬般形.』

夫虛其心, 惺惺粹一, 不搖不昏, 曠然虛豁, 更向何處覓生死, 何處覓菩提, 何處覓善惡, 何處覓持犯?

祇這是活潑潑, 明歷歷底, 透頂透底, 不隨生生, 不隨滅滅, 不作佛, 不作祖, 大包沙界, 小入微塵, 又能佛能生.

又非大小, 非方圓, 非明暗, 自在融通, 徹底怎麼, 更非小分, 強做的道理. 夫叅此玄門者, 常務返照, 究之用心, 惺密無間斷, 究之至切, 至於無用心可究之地, 驀然心路忽絶, 踏着本命元辰, 祇這本地風光, 本自具足, 圓陀陀地, 無欠無剩, 到恁麼時, 應耳時, 如百千日月, 照耀十方, 應眼時, 如鹹海風浪, 聲振須彌, 不是強爲也. 這箇道理, 只爲太近, 所以, 人自不得體解也.

凡欲麼玄者, 着實理會, 返照法式, 分明形容, 得細審不鹵莽, 用意行之, 行之功熟, 實相之理, 自現, 太古和尙, 云,『才擧箭沒石.』淸虛和尙, 云,『如蚊子上鐵牛, 向下嘴不得處, 和身透入.』擧話頭參究者, 當以斯言, 爲指南.

若論日用萬行, 胸次空明無物, 六根, 虛豁地者, 祇這是寬曠的, 便是布施, 祇這是淨澄的, 便是持戒, 祇這是虛柔的,便是忍辱, 祇這是本明, 常現不昧底, 便是精進, 祇這是明寂不亂, 便是禪定, 祇這是明寂了了, 擇法觀空底, 本自無痴底, 分別諸法相, 而不動底, 乃至隨順世緣, 無障無碍底, 便是智慧. 故, 達磨大士, 云, 『觀心一法, 摠攝諸行.』但務培養根株, 莫愁其枝不茂.

但知見性作佛, 莫愁佛無神通三昧. 今人, 多分不得叅學眞正道人, 本色衲子, 於佛法中, 法理不明, 道眼, 不實, 都是亡羊岐路, 如醉如夢, 過了一生, 悲夫.

洞山和尙, 所謂, 『袈裟下, 失人身, 是苦者.』此也. 夫行道路者, 若初步, 不得其正, 千里之遠, 徒費功力, 不如不步之爲愈.

故, 圭峯禪師, 云, 『決擇分明, 悟理應修.』夫欲起三間茅屋, 若不得準繩斲斫尺量之巧, 且不成就, 況得圓覺大伽藍者, 不由其造之之理, 而成功乎哉.

欲造乎小事則, 恐其差錯不成, 思得其理. 未者, 問於人, 未分明, 更問於他有智人, 期不差錯就功, 而欲造詣乎.

玄妙之道者, 擧是率爾泛忽, 未見其仔細決擇用功者也, 如此而不顚功敗績者, 幾希矣.

嗚呼, 可不戒哉.

夫欲誠無常, 悟明大事者, 不急尋師, 將何鑑其正路哉.

심우가 尋牛歌

소를 찾음

본래 잃지 않았거니 어찌 다시 찾으리오.
다만 저 찾는 것이 바로 비로자나의 스승이로다.
푸른 산 푸른 물 꾀꼬리 노래 제비의 지저귐
두두 물물이 그 소식을 누설하누나. 쯧쯧!

자취를 보다

밝은 빛 묘함은 백화가 난만한 데만 있지 않도다.
매우 누른 유자와 푸른 귤이여.
좋을시구 좋구나.

발자욱이 있음은, 소가 도리어 있음이로다.
무심(無心)하면 도(道)에 가까워짐이여.
옛 사당 속의 향로요, 가을 맑은 들물이여.
좋을 시구 좋구나. 노래 부르네.

소를 보다

할(喝)하고 이르기를
『신령스런 광명이 홀로 빛나서
하늘을 덮고 땅을 덮을지라도,
오히려 이것이 뜰 아래 어리석은 놈이니,
정혼을 희롱하는 다리와 손이라.
도깨비 장난을 하지 않음이 좋다.
또 일러라, 보았다 하는 놈이 무엇인고?』
할 일할!(꾸짖고 또 꾸짖음)

소를 얻다

보아 얻은 즉 없지는 아니하나, 제2두를 어찌 하려는가.

보아 얻지 못한 자는 얻게 하고, 이미 보아 얻은 자는 도리어 문득 미실(迷失)케 하니, 또한 오득자(悟得者)는 영원히 오득케 하고, 미실자는 영원히 미실케 하니, 도리어 정당히 얻은 것이냐? 또한 미한 것이냐? 주장자로 탁자를 한 번 치고 이르기를 『"한 아름 버들 가지를 거두어 얻지 못함이여, 바람으로 화하여 옥난간에 스쳐 있도다" 하였다.

소를 먹이다

선악이 모두 이 마음이니, 가히 써 닦고 끊지 않음이 옳으냐? 충독지향 같아서 한 방울도 적시지 않음이 옳으냐? 마음에는 다른 마음이 없으니, 탐심과 음심을 끊지 않음이 옳으냐? 사무쳐 다만 이 때에 죽은 사람의 눈과 같음이 옳으냐? 이것이 다 함께 험한 길이라. 가히 행할 것이 못됨이로다.

또한 이르노라. 어떤 것이 옳은 것이냐?
구구는 팔십일이니, 또 완달구(필요 없는 물건)로다.

용천 선사(湧泉禪師)는 40년에 오히려 주작함이 있었고, 향엄(香嚴) 선사는 40년에 한 덩어리를 이루었다 하니, 탄식하노니, 얻기는 쉬우나, 지키기는 어렵도다. 또한 조금 얻은 것을 만족해하지 말라. 모름지기 선지식(善知識)을 참견하고, 많은 단련의 고행이 있어야 비로소 얻으리라.

소를 타고 집에 돌아가다

6도, 4생을 수없이 지내면서 맵고 쓴 맛 다 보았으니 어찌 일찍이 한 발자욱도 고향 땅을 밟지 않았던가? 하하하.

젓대 소리가 갈운곡(遏雲曲: 구름을 사무치는 곡)이라. 가락 이름은 「동정호 마음」이요, 「푸른 산 다리」라 이름 하리라.

비록 그러하나, 노형은 오히려 돌아가지 못하였으니, 알겠느냐?

계침(桂琛: 禪의 비밀구)이 이르리라.

소는 없고 사람만 있다

한 잠 자다 가자. 어찌 그리 설치는가?
오똑하게 일없이 앉았노라니,
봄이 옴에 풀이 스스로 푸르르네.
이 날은 종기 위에 쑥 뜸질을 더함과 비슷하도다. 보지 못했는가? 곧 바로 푸른 하늘이로다. 모름지기 한 방망이를 먹일 것이다. 왜 이러한고? 비가 올 때에 비가 오지 않고, 개일 때에 개이지 않는 도다.
비록 이러하나, 이것이 무슨 마음의 행인고?
아아, 오랫동안 문에 나가지 않으니, 이 무슨 경계이며, 저 속을 향해 뒤 보러 나가려 하니, 이것은 무슨 경계이며, 또 부생(浮生)들의 이러고, 저러고 하는데 상관치 않으니, 이 무슨 경계인고?
양 눈썹을 아끼지 않고 너를 위하여 드러내노니, 머리를 낮추고 얼굴을 들어 감출 곳 없음이로다.

구름은 푸른 하늘에 있고, 물은 병에 있도다.

사람과 소를 다 잃다

"시리 소로 못다야 지다야 사바하."
또 버들 꽃을 따고, 버들 꽃을 따노라.
오랫동안 수행하였으나, 여기에 이르러 문득 미하여 아득히 꺼꾸러짐이로다. 한 푼 돈도 치르지 않았으니, 알겠는가?
변방에는 장군의 명령이요, 나라 가운데는 천자의 칙령이로다.
할 일할.

본고장에 돌아오다

학의 다리가 비록 길지만, 자르려 하면 근심이 되고,
오리 다리가 비록 짧지만, 이으려 하면 걱정이 된다.
발우대는 자루를 붙일 필요 없고,
조리에는 새는 것이 마땅하도다.
금주 땅에는 부자(附子)요, 병주 땅에는 쇠(鐵)로다.
만물이 다 저마다 좋은 것이 있으니,
양식이 풍족하고 연료 또한 많아서,

네(四) 이웃이 풍족하구나.

이 낱이 호남성 아래에 불을 부는 입부리는 뾰족하고, 글을 읽는 혀는 날름댐이니, 이것이 대우(大愚)의 가풍(家風)이로다.

다시 한 구절이 있으니, 내일에 부쳐 두노라.

손을 드리우고 전방에 들어가다

목녀의 꿈과 석인의 노래여, 이것은 6진 경계에 그림자로다.

상이 없는 부처도 용납지 못하는데 비로자나의 정수리가 무엇이 그리 귀하리오? 봄 풀 언덕에 유희하고, 갈대꽃 물가에 잠을 잠이로다.

바랑을 지고 저자에 놀며, 요령을 흔들고 마을에 들어가는 것이 실로 일 마친 사람의 경계여라.

전날에 풀 속을 헤치고 소를 찾던 시절과 같은가? 다른가?

가죽 밑에 피가 있거든 모름지기 눈을 번쩍 뜨고 보아야 비로소 얻을 것이다.

심우송 尋牛頌

尋牛 소를 찾다

可笑尋牛者 가히 우습구나, 소 찾는 자여.
騎牛更覓牛 소를 타고 다시 소를 찾네.
斜陽芳草路 볕 비낀 방초 길에
那事實悠悠 이 일이 실로 길고 길 구나.

見跡 자취를 보다

猿鳥春心慣 원숭이와 새들은 봄 마음을 토하는데,
太登古路愁 태고의 옛길 오르려 왜 근심 하는가
箇中消息在 그 가운데 소식 있거늘,
跡向藪雲幽 그윽한 자취 구름 숲속에 역력하구나.

露現全軆 온전히 드러나다

曠劫相將地 오랜 세월을 서로 같이 하다가,

驀然透一區 돌연히 한 구역을 사무쳤네.
曾聞雪山裏 일찍이 듣자니 설산(雪山) 속에
乳香萬年留 젖 향기가 만년이나 머물렀다 하네.

調伏保任 소를 길들이다

幾廻成落草 풀밭에 놓아 먹인지 얼마였던가,
鼻索實難投 실로 고삐 놓기 어려웠네.
賴有今日事 다행히 오늘에 노력함 있어,
江山盡我收 강산을 내가 거두어 다하리.

任運歸家 마음대로 집에 돌아오다

東西非內外 동서(東西)와 내외(內外)가 원래 없거늘
任運向家邱 내 마음대로 집을 향해 가노라.
無孔一枝笛 한 가지 구멍 없는 젓대
聲聲難自由 소리마다 자유롭기는 아직 일러.

忘牛存人 소는 없고 사람만 있다

風燈泡沫了 바람 앞 등불과 물거품, 일 마쳤는데
何法更堪求 무엇을 다시 구하려 하는고.
奇語長安道 장안대로(大路)에 말을 부치노니
聲前不得休 소리 앞에 아직 쉬지 못하였네.

人牛俱忘 사람과 소가 함께 없다

寂光猶未至 적광토(寂光土)에는 아직 이르지 못했는데
添得一毛毯 쪽방울만 하나 더 얻었네.
此道無多在 이 도리(道理)가 별스런 데 있지 않아서
山高水自流 산은 높고 물은 저절로 흐르는구나.

異類中事 달리 동물류 가운데

被毛兼戴角 터럭을 쓰고 겸하여 뿔을 이었으니,
燈榻語啾啾 등탑(燈榻)이 말하기를, 추추하더라.
祖佛今身外 불조(佛祖) 밖의 이 몸이여,

長年走市頭 긴 세월 저자 거리로 싸다니네.

| 비움과소통에서 펴낸 책들 |

오룡골 백송(白松)의 안심과 희망의 메시지
일체가 아미타불의 화신이다
정목 지음 | 신국판 | 칼라 | 280쪽 | 14,000원

'우리 시대의 원효'가 들려주는 정정취의 깨달음

91년 범어사 승가대학을 수료하고 강사 소임을 역임한 스님은 92년 전수염불 정진 중 염불삼매를 얻었으며, 98년 중앙승가대학교를 졸업한 해 하안거 정진 중에 관불삼매를 체험했다. 2004년 양산 오룡골에 정토원(055-375-5844)을 설립한 스님은 '아미타파(cafe.daum.net/amitapa)'에서 염불 수행자들을 온-오프 라인을 통해 지도하고 있다.

타방정토와 유심정토를 포용하는
일심정토 염불수행
정목 지음 | 변형 신국판 | 칼라 | 232쪽 | 13,000원

지혜와 공덕 성취하고 환경과 의식 창조하는 생산적인 道!

원효 대사의 일심정토 염불수행은 독창적인 정토사상이요 순수한 한국불교이며, 중생을 구제하는 가장 대중적인 수행법이다. 염불삼매와 관불삼매를 성취한 정목 스님은 누구든지 염불수행을 통해 안심을 얻고 깨달음을 성취할 수 있도록 대승불교의 신행체계를 확립했다.

'한국의 유마' 백봉거사 선어록
허공의 주인공
전근홍 지음 | 46판 | 흑백 | 360쪽 | 10,000원

'생사문제' 해결해 누리의 주인으로 사는 법

죽음이라는 문제에 부딪혀 절망적이었던 저자(청봉 전근홍)가 스승인 백봉 김기추(1908~1985) 거사의 설법과 수행 방편을 통해 문제를 해결해 나가는 과정에서 직접 듣고 느꼈던 법문 내용을 소개해 현재 그와 같은 과정을 겪고 있는 독자들에게 도움이 되고자 집필했다. 저자가 직접 보고 들은 진솔한 수행담이 감동을 자아낸다.

한국의 유마 백봉 거사와 제자들
공겁인(空劫人)
최운초 지음 | 신국판 | 부분 칼라 | 440쪽 | 16,500원

20세기 '한국의 유마 거사'로 추앙받는 백봉 김기추(白峰 金基秋) 거사는 50세가 넘어 불교에 입문했지만 용맹정진으로 단기간에 큰 깨달음을 얻었고, 이후 20여 년간을 속가에 머물면서 거사풍(居士風) 불교로 후학지도와 중생교화에 힘쓴 탁월한 선지식. 백봉 거사 문하 제자들의 각고의 노력, 스승의 인간적 면모와 제자들의 고뇌, 그리고 화두 타파와 깨달음, 스승의 인가에 대한 가감 없는 기록을 통해 마음공부의 한 길을 제시했다.

「원인론」과 「발미록」을 번역·해설한
인간세계의 근본을 밝히다
정목스님 번역·해설 | 신국판 | 양장 | 2도칼라 | 348쪽 | 20,000원

선교회통의 전범이자 팔만장경의 축소판
먼저 중요한 교상판석들의 개요를 보였다. 선교일치禪敎一致를 주창한 규봉종밀(780~841) 선사의 『원인론』은 원문을 실어서 번역하였다. 정원(1011~1088) 법사가 『원인론』을 해설한 『발미록』은 요문을 번역하여 옮기고, 중요한 글은 원문을 실었으며, 각 장마다 요점을 정리하고 해설하였다.

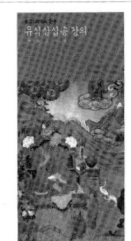

불교심리학의 정수
유식삼십송唯識三十頌 강의
이계묵 역해 | 246*178 | 흑백 | 332쪽 | 15,800원

마음 밖에 따로 대상이 없음을 설한 대승 심리논서
대소승을 막론하고 유식삼십송은 불자라면 꼭 연구해야 할 필독서다. 마음을 깨달아 안심(安心)을 얻고 완전한 자유를 얻는 불교심리학의 정수가 바로 이 경전에 담겨 있는 까닭이다. 여기 유식삼십송 해설은 동학사 강원본을 참조하였으며 일본 龍名大學 불교학 교수인 深浦正文의 唯識三十頌論 解說本을 관응노사가 번역한 譯本을 참고하여 현대어로 풀어 엮었다.

Swallow all beings Eject emptiness 금강경 묘해妙解
존재를 삼켜 허공을 뱉아라
묘봉운록 송주(竭主) | 신국판 | 흑백 | 768쪽 | 28,000원

조사선으로 푼 漢·英·韓 금강경 지침서
덕숭총림 수덕사 초대방장 혜암(惠菴) 선사의 법을 이은 묘봉 스님이 금강경에 대한 주석(註釋)을 달고, 선(禪)의 안목을 담아 독자적인 견해를 게송 형식으로 드러낸 금강경 수행지침서이다. 금강경의 한문 원문을 영문과 한글로 독창적으로 번역하고, 이를 다시 풀이하여 중요한 부분을 다시 영역한 漢·英·韓 금강경 해설서이기도 하다.

선가한화禪家閑話
설봉도인 무문관 평송
설봉학몽 평송·심성일 역주 | 변형신국판 | 흑백 | 288쪽 | 14,000원

선종 최후의 공안집 '무문관無門關'의 빗장을 풀다!
무문혜개 선사의 선문답집인 〈무문관〉 48칙 공안에 대해 한국의 설봉 스님이 독자적인 안목으로 평과 송을 붙인 선어록. 역주자는 설봉 스님이 남긴 법어와 평송을 바탕으로 촌철살인으로 직지인심(直指人心) 할 수 있는 기연이 될 만한 선화들을 덧붙여 편역했다.

초기선종 동산東山법문과 염불선
박건주 지음 | 변형신국판 | 흑백 | 256쪽 | 13,000원

**4조도신 〈입도안심요방편법문〉과
5조홍인 〈수심요론〉·〈능가인법지〉 첫 역주·해설**

중국선종은 제4조 도신대사와 제5조 홍인대사의 이른바 동산(東山)법문에서부터 염불법문을 펼쳤다. 본서에서는 1세기 전 돈황에서 새로 발견된 도신대사의 〈입도안심요방편법문〉과 홍인대사의 〈수심요론〉, 〈능가사자기〉에 전하는 〈능가인법지〉의 원문을 국내 최초로 역주 해설하면서 염불선이 어떠한 행법인가를 자세히 해설했다.

선종 염불선 법문과 깨달음 (念佛者是誰)
염불하는 이것이 무엇인가?
덕산 스님 지음 | 신국판 | 흑백 | 270쪽 | 13,000원

역대 선사들의 선정불이(禪淨不二) 법문 제시

염불선의 공(空)을 체험한 덕산 스님은 4조 도신대사, 6조 혜능대사, 보조 국사, 태고 선사, 서산 대사, 경허, 선사 등 역대 선사 18인의 염불선 법문을 제시해 수행자들의 발심을 돕고 있다. 선사들은 선(禪)과 염불(淨)이 둘이 아닌 선정불이(禪淨不二)의 법문을 통해 자력(自力)과 타력(他力) 이 둘이 아닌 염불삼매와 일상·일행삼매를 밝히고 있다.

관음선 수행이야기
빛과 소리
석암 지음 | 46판 | 흑백 | 392쪽 | 12,800원

'빛과 소리' 통해 내면과 우주 통합하는 관음염불

조계종 은해사로 출가, 남해 보리암에서 염불수행을 시작해 운부암, 태안사, 대승사 등 제방선원에서 참선한 저자는 월악산 한 암자에서 관음염불로 각고(刻苦) 정진하던 중 삼매(三昧) 속에서 마음의 눈을 떴다. 최근 강원도 양구에 관음선원(070-4215-4163)을 창건, 수행과 전법에 매진하고 있다.

단박 깨닫는 마조록 공부
있는 그대로 완전한 자유
원오 역해 | 신국판 | 흑백 | 240쪽 | 13,000원

마조 대사의 법어와 선문답을 처음 해설하다

조사선의 실질적인 개창자인 마조도일(709-788) 대사의 법문과 선문답, 구도기를 국내에서 처음으로 번역·해설한 책. 그간 국내 및 일본에서 〈마조록〉에 대한 번역이나 주석서가 몇 권 나온 바 있으며 오쇼 라즈니쉬가 인도 명상의 입장에서 해설을 시도한 적은 있지만, 국내의 선(禪) 수행자가 직접 해설한 것은 이번이 처음이다. 저자인 원오 스님은 화두에 대한 파설(破說)에 유의하면서 공부의 지름길을 제시했다.